Simone Wejda

Rechenschwäche –
der Kampf mit den Zahlen

Hilfen bei Dyskalkulie

SCRIPTOR

Die in diesem Werk angegebenen Internetadressen haben wir überprüft (Redaktionsschluss 31.9.2003). Dennoch können wir nicht ausschließen, dass unter einer solchen Adresse inzwischen ein ganz anderer Inhalt angeboten wird.

Abb. S. 27. © Scopetime, DCF Zeit & Display, designed by arman emani
Abb. S. 43: © Beltz Test GmbH, Göttingen
Bezugsquelle des DEMAT 1+ (Testzentrale, Robert-Bosch-Breite 25, D-37079 Göttingen, Telefon: +49 551/5 06 88-14, Fax: +49 551/5 06 88-24, testzentrale@hogrefe.de

 http://www.cornelsen.de

Gedruckt auf chlorfrei gebleichtem Papier
ohne Dioxinbelastung der Gewässer.

Bibliografische Information
Die Deutsche Bibliothek verzeichnet diese Publikation in der Deutschen Nationalbibliografie; detaillierte bibliografische Daten sind im Internet über http://dnb.ddb.de abrufbar.

5.	4.	3.	2.	1.	Die letzten Ziffern bezeichnen
08	07	06	05	04	Zahl und Jahr der Auflage.

Redaktion: lüra – Klemt & Mues GbR, Wuppertal
Typografisches Konzept: Magdalene Krumbeck, Wuppertal
Fotos: Dirk Krüll, Panama / laif, Düsseldorf
Umschlaggestaltung: Magdalene Krumbeck, Wuppertal
Satz: stallmeister publishing, Wuppertal
Druck und Bindearbeiten: Tesinska Tiskarna, Cesky Tesin
Printed in Czech Republic
ISBN 3-589-22036-8
Bestellnummer 220368

Inhalt

Vorwort

Ihr Kind kann mit Zahlen im täglichen Leben so gar nichts anfangen? Es kann die Mathematikhausaufgaben ohne Ihre Hilfestellungen nicht allein erledigen? Es versteht manchmal einfachste Aufgabenstellungen nicht? Üben, üben und nochmals üben bringt nicht den gewünschten Erfolg?

Mathematik ist fester Teil des Lebens – wir begegnen Zahlen im Alltag immer wieder. Die Zahl 7 zum Beispiel kann so vieles bedeuten: Sie kann der Zeitpunkt sein, zu dem der Wecker klingelt. Sie kann aussagen, dass es noch eine Stunde dauert, bis die Schule beginnt. Gleichzeitig kann die 7 auch die Busnummer sein, die Ihr Kind nach Hause bringt. Wir beschreiben damit Zeitpunkte, geben Verhältnisse an, nennen die Dauer von etwas, kennzeichnen einen Gegenstand oder bringen sie in einen bestimmten Zusammenhang. Wenn sich Ihrem Kind die Welt der Zahlen nicht erschließt, braucht es Hilfe und Unterstützung. Da Sie sich entschieden haben, mehr über Rechenschwierigkeiten zu erfahren, sind Sie bereits auf dem richtigen Weg.

Zahlen sind unsere ständigen Begleiter: Kinder müssen rechnen lernen. Aber wie?

Dieses Buch entstand aus meiner Erfahrung in der Beratung von Eltern betroffener Kinder unter der Berücksichtigung meiner eigenen Erlebnisse als Betroffene sowie meiner fachlichen Kenntnisse als Sonderpädagogin. Lernen Sie, Ihr Kind besser zu verstehen, zu helfen und zu unterstützen.

Der Kampf mit Zahlen

Die ersten Mathematik-Noten

Andrea besuchte die dritte Klasse der Grundschule. Ihre Mutter, Frau S., bemerkte schon im zweiten Schuljahr, dass Andrea den Mathematikstoff nicht mehr beherrschte.

Leider brachten die täglichen zehn Minuten Üben nicht den gewünschten Erfolg. Doch Frau S. war sich nicht sicher, was sie unternehmen sollte. Im Zeugnis der zweiten Klasse stand, dass ihre Tochter in den anderen Fächern gute bis sehr gute Leistungen erbringe – jedoch in Mathematik noch Schwierigkeiten habe. Hervorgehoben war, dass Andrea trotz der Probleme im Mathematikunterricht die Hausaufgaben stets zur Zufriedenheit erledigt hatte. Leider wusste die Schule nicht, welche Qualen häufig hinter einer einzigen Matheaufgabe steckten. Stundenlang versuchte Frau S., ihrer Tochter die Aufgaben zu erklären.

Hausaufgaben werden zur täglichen Qual.

Das Jahreszeugnis der dritten Klasse stand an. Andrea sollte in Mathe eine „Gnaden-Vier" bekommen. In den Probearbeiten waren fast alle Notenstufen von Gut bis Ungenügend vertreten. Das Schuljahr begann eigentlich ganz gut. Die erste Note, die Andrea nach Hause brachte, war eine Vier. Zwar eine schlechte, doch Frau S. war damit durchaus zufrieden. In der Arbeit wurde der Stoff der zweiten Klasse abgefragt.

Die zweite Note, die ihre Tochter bekam, war sehr Erfolg versprechend. Es war eine Zwei, die alle Sorgen vergessen ließ. Einmaleins-Aufgaben konnte sie wirklich gut. Andrea war auch begeistert und fand eine Zeit lang wieder Spaß an Mathe. Doch die darauf folgende Probearbeit war wie ein Schock. Eine Sechs! Es waren nur Sachaufgaben zu bearbeiten und Andrea brachte nichts zu Papier. Andreas Lehrerin glaubte an einen Ausrutscher und machte Mut für die nächste Probearbeit. Doch die brachte Andrea mit einem Mangelhaft nach Hause. Sie hatte zwar viel gerechnet, doch kaum ein Ergebnis war richtig. Dabei hatte Andrea doch so ein gutes Gefühl ... Frau S. war ratlos.

Der Rechenunterricht wird neben dem Lese-Schreib-Unterricht als *das* schullaufbahnentscheidende Fach in der Grundschule angesehen. Nachdem die Legasthenie längst einen festen Platz in der pädagogischen und psychologischen Forschung eingenommen hat, findet nun die Rechenschwäche in der Diskussion um Schul- und Lernprobleme immer mehr Beachtung.

Mit Beginn des ersten Schultags lernte Andrea Zahlen, Mengen und Operationen in Ziffern und Symbolen (+, −, :, ·) auszudrücken. Zunächst sahen ihre Eltern und die Schule die Fehler nicht als besonders schlimm an und gaben ihr genügend Zeit, sich mit dem Fach Mathematik auseinander zu setzen. Doch schon bald merkten die Eltern, dass hinter den Fehlern doch mehr steckte als anfängliche Unsicherheit.

Dyskalkulie – das fehlerhafte Rechnen

Was bedeutet das Wort „Dyskalkulie"? Der Begriff Dyskalkulie gliedert sich in zwei Wortbestandteile: Die Vorsilbe ‚dys-' bedeutet un-, miss-, schwierig oder fehlerhaft. Der zweite Wortbestandteil

Dyskalkulie, Rechenstörung, Rechenschwäche, Arithmasthenie, Akalkulie, Teilleistungsstörung Mathematik – viele Namen für das Phänomen „nicht rechnen zu können".

,-kalkulie' lässt sich vom lateinischen ,calcular' = mit Rechensteinen rechnen, ableiten. Unter Dyskalkulie versteht man also das fehlerhafte Rechnen.

In der Diskussion über Kinder mit schlechten Leistungen in Mathematik finden sich auch die Begriffe „Rechenstörung, Rechenschwäche, Akalkulie oder Arithmasthenie" – um nur einige herauszugreifen. Ob ein Kind eine Rechenschwäche *hat* oder ob es rechengestört *wurde*, diesem Meinungsaustausch möchte ich mich hier bewusst nicht anschließen. Auf die Abgrenzung der Begrifflichkeiten werde ich später eingehen.

Lesen, Schreiben, Rechtschreiben und Rechnen – Kulturtechniken, die in der Schule gelehrt und gelernt werden.

Fest steht, dass es eine Vielzahl von Kindern gibt, die schlecht rechnen können: aus den unterschiedlichsten Gründen und in unterschiedlichster Form. Allein in Deutschland haben wir etwa 325.000 Kinder in der Grundschule, die unzureichende Kompetenzen im Mathematikunterricht aufweisen. Etwa vier Prozent – also 13.000 – haben eine Rechenstörung, die sie bis ins Erwachsenen-Alter begleitet.

Das eigene Bild von den Zahlen

Jedes Kind hat seine eigene Persönlichkeit und seine eigenen Erfahrungen. Jedes wächst in einem anderen Umfeld auf und bringt unterschiedliche Voraussetzungen für das Erlernen von mathematischen Inhalten mit sich. Jedes Kind hat auch seine individuellen Vorstellungen von Zahlen und Zahlenräumen.

Auch Sie haben Ihre eigenen Ideen – machen Sie einmal den folgenden Versuch. Sie werden feststellen, dass jeder seine eigene Sicht von Zahlen und Zahlenräumen hat. Manche Menschen verbinden sogar Zahlen mit Farben.

Selbstversuch:

Stellen Sie sich die Zahlen fünf, fünfzehn, fünfundzwanzig und fünfhundert in einem Raum vor. Überlegen Sie, wie Sie das Verhältnis untereinander beschreiben könnten. Wie und wo stehen die Zahlen vor Ihrem inneren Auge? Voreinander, hintereinander, in einer Reihe, übereinander oder gar alles zusammen? Stellen Sie sich vielleicht die

Zahlen als Menge vor? Machen Sie sich ein klares Bild davon und fragen Sie eine andere Person. Vergleichen Sie nun Ihre Vorstellung mit dem inneren Bild der anderen erwachsenen Person.

Wie sieht es mit Ihrem Kind aus? Hat es eine gesicherte Vorstellung von Zahlen, Mengen und Zahlenräumen? Oder ist es im Umgang mit Zahlen und allem, was damit zu tun hat, noch sehr unsicher? In der Schule muss Ihr Kind täglich neue Inhalte erlernen und Vorhandenem oder nicht Vorhandenem anpassen. Es entwickeln sich Tag für Tag neue Bilder, die richtig oder falsch sein können.

Wichtig: Typische Fehler gibt es nicht!

Jedes Kind hat also wie Erwachsene seine eigene Vorstellung und entwickelt eigene Kenntnisse. Aus diesem Grund macht auch jedes Kind seine eigenen Fehler. Die Fehler Ihres Kindes lassen sich nicht mit den Fehlern anderer Kinder vergleichen. Ihr Sohn oder Ihre Tochter verfolgt eigene Ideen von Mathematik und zeigt ein so genanntes „individuelles Fehlerprofil".

Woran erkennen Sie eine Rechenschwäche?

Sie selbst können eine Rechenschwäche nicht diagnostizieren – das kann nur der Fachmann. Trotzdem möchte ich Ihnen eine Orientierung geben, damit Sie wissen, wann Sie aktiv werden müssen. Nicht die Art der Fehler ist entscheidend, sondern die Menge und die Hartnäckigkeit.

Frau S. beschreibt die Situation so: Immer und immer wieder haben wir die Aufgaben besprochen und wir waren der Meinung,

Individuelles Fehlerprofil bedeutet: Jedes Kind macht seine eigenen Fehler und keines gleicht einem anderen Betroffenen.

Andrea hätte diese Art von Aufgaben nun verstanden. Und doch mussten wir feststellen, dass sie die gleiche Rechnung am nächsten Tag oder sogar wenige Minuten später nicht mehr lösen konnte und schon wieder ein neues, aber falsches Ergebnis errechnet hatte.

Auch wenn es keine typischen Fehler zu benennen gibt, zeigen sich doch immer wiederkehrende Schwierigkeiten, die sich trotz vielfältiger Übungsangebote nicht vermindern.

Bei Schulbeginn

Der Umgang mit Zahlen und Zahlenwissen beginnt nicht erst am ersten Schultag. Schon viel früher kommt Ihr Kind mit Zahlen in Kontakt. Diese Vorerfahrungen sind besonders wichtig, um die neue Sprache „Mathematik" verstehen zu können. Ihr Kind lernt im ersten Schuljahr die Zahlworte „zwei, sieben, neun, achtzehn" in Ziffern „2, 7, 9, 18" auszudrücken. Hinzu kommt das Lernen der Rechenzeichen +, −, :, ·, die bestimmte Handlungen (so genannte Operationen) ausdrücken. Um mit den Ziffern und Zeichen sinnvoll umgehen zu können, sind bestimmte Voraussetzungen notwendig.

Eins-zu-eins-Zuordnung

Grundlegend ist das Verständnis der so genannten 1:1-Zuordnung. Ihr Kind sollte zum Beispiel die richtige Anzahl von Tellern aus dem Schrank holen, wenn 4 Personen am Abendessen beteiligt sind. Es muss erkennen können, dass bei 3 Kindern keine 2 Bonbons gerecht verteilt werden können. Dieses Wissen über eine Art paarweise Zuordnung oder auch 1:1-Entsprechung ist für das weitere Verständnis von Mathematik äußerst wichtig.

Was sollte Ihr Kind alles können, wenn es in die Schule kommt?

Sinnvolle Zählstrategien

Ihr Kind muss eine Anzahl von Gegenständen korrekt zählen und deren Gesamtmenge bestimmen können. Jedem Gegenstand (zum Beispiel Perlen, Stifte, Äpfel, Spielzeugautos oder Legosteine) muss eine Zahl zugeordnet werden. Hierbei darf es keinen Gegenstand übersehen oder etwa doppelt zählen.

Viele Kinder können zwar schon sehr früh von 1 bis 20 vorwärts zählen, doch wie sieht es mit dem Rückwärtszählen aus? Oder gar mit dem Zählen ab einer bestimmten Zahl? Auswendig zählen oder sinnvoll zählen – was beherrscht Ihr Kind? Mangelnde Zählfertigkeiten lassen keine Vorstellung von einem Zahlenraum zu, in dem gerechnet werden soll. Wie soll ein Kind wissen, welche Zahl ,vor oder nach'/,Vorgänger oder Nachfolger' von 12 ist, wenn es nicht einmal von 12 aus vorwärts oder rückwärts zählen kann?

Auch rückwärts zählen können ist wichtig.

Vergleichen

Ebenso wichtig ist das Verstehen und sichere Anwenden bestimmter Vergleiche mit Hilfe von Worten wie „kleiner – größer" oder „mehr – weniger". Jedes Kind im Schulalter muss zwei Mengen nach ihrer Anzahl oder Größe miteinander vergleichen können. Dies kann beispielsweise beim Streit zweier Geschwister um die Schale mit Gummibärchen geschehen. „Nein, ich will mehr" oder „der hat viel mehr als ich" oder „ihr Eis ist viel kleiner!".

Streiten um die Menge von Süßigkeiten heißt: vergleichen.

Dies sind spontane Vergleiche und Kinder müssen sie anwenden können, um in der Schule zu Gegenüberstellungen mit Ziffern und Mengen fähig zu sein. Wer im Alltag die Begriffe an konkreten Materialien wie Bonbons etc. nicht benutzen kann, der ist kaum in der Lage, dies beim Einsatz von Ziffern und Rechenzeichen zu vollbringen.

Mathematik als eigene Sprache:
Zahlworte: zwei, sieben, neun, achtzehn
Ziffern: 2, 7, 9, 18
Wörter mit Bedeutung:
mehr, weniger, mal, geteilt
Rechenzeichen: +, −, ·, :

1. Klasse: Rechenschwierigkeiten erkennen

Ihr Kind ist auffällig, wenn es in der Mitte der 1. Klasse
- keine 1:1-Zuordnung hat
- nicht sinnvoll zählt
- keine Gemeinsamkeiten von Ziffer – Zahl – Menge sieht
- keine Sortierung nach Größe oder Menge vornehmen kann
- Schwierigkeiten hat, Mengen zu vergleichen
- keine Klassifizierungen vornehmen kann
- Probleme beim Erfassen von Situationen, in denen Zahlen vorkommen, zeigt

Ordnen

Dem Vergleichen ist das Ordnen verwandt, Fachleute sprechen von Klassifikation. Gemeint ist das Zusammenfassen von Gegenständen zu einer Klasse nach gewissen Kriterien. Also: alle blauen Autos in die eine Schachtel, alle roten Autos in die andere Schachtel. Oder: Naschereien, die salzig schmecken, mag ich nicht, süße Naschereien, die nach Schokolade schmecken, esse ich besonders gern. Diese Einteilungen und Ordnungssysteme – auch Klassifikationen genannt – sind wichtige Bestandteile für den weiteren Aufbau an mathematischem Wissen.

Ein Zimmer sinnvoll aufräumen und in Ordnung halten bedeutet: klassifizieren.

Den Alltag verstehen

An Fähigkeiten, die ein Kind mit in die Schule bringen sollte, wird nicht zuletzt das Anwenden von Zahlenwissen im Zahlenraum bis 10 genannt. Bereits Vorschulkinder verfügen im Regelfall über anwendungsbezogenes Sachwissen. Zu einer Aufgabe wie „Leon hat 5 Autos, davon gibt er 3 an Yannick ab. Wie viele hat Leon noch?" können sie selbstständig unter Benutzung von Material die richtige Antwort finden. Sie sind zwar nicht in der Lage, diese Art von Aufgabenstellung mit den uns bekannten Rechenzeichen zu lösen, aber bei vorhandenem Material wie Kaugummis, Spielzeugautos oder Ähnlichem funktioniert das durchaus: Mathematik ist überall.

Am Ende der ersten Klasse

Im Vorschulalter und zu Beginn der ersten Schulmonate kam Frau S. noch gar nicht auf die Idee, hinter Andreas Startschwierigkeiten erste Anzeichen für eine Rechenschwäche zu vermuten. Sie wollte ja auch nicht zu früh Druck ausüben und ihrem Kind noch Zeit lassen, eigene Erfahrungen mit der Schule zu machen. Und das ist gut so.

Üben Sie nicht zu früh Druck auf Ihr Kind aus!

In der Regel treten zum Ende der ersten Klasse noch keine großen Sorgen auf, denn es ist nicht alles falsch, was Ihr Kind nach Hause bringt. Manche Hausaufgaben klappen ganz gut alleine – bei man-

2. Klasse: Rechenschwierigkeiten erkennen

Ihr Kind ist auffällig, wenn es in der 2. Klasse noch immer

- die Symbole wie Rechenzeichen (+, −, :, ·, =) oder Ziffern nicht kennt
- die neuen Symbole nicht sicher anwenden kann
- sich im Zahlenraum bis 20 nicht zurechtfindet
- keine Plus- und Minusaufgaben rechnen kann
- Sachaufgaben im Zahlenraum bis 20 nicht beherrscht
- keine Lagebegriffe wie ‚oben‘, ‚unten‘ ‚vor‘, ‚hinter‘ kennt
- Schwierigkeiten hat, Muster nachzulegen

chen Aufgaben helfen Sie mit und tun dies ja auch sehr gerne. Dennoch ist es wichtig festzuhalten, welches Wissen Ihr Kind am Ende der ersten Klasse etwa haben sollte.

Symbole kennen und anwenden können

Jetzt ist es Zeit, dass vorschulisches Wissen mithilfe der neuen Symbole sicher ausgedrückt werden kann. Ihr Kind muss nun die Menge von 3 Äpfeln nicht nur mit dem Zahlwort ‚drei‘ benennen, sondern auch mit der Ziffer 3 beschreiben können. Die Zahlen bis 20 muss Ihr Kind sowohl lesen als auch aufschreiben können.

Zu den Symbolen gehören nicht nur die Ziffern, sondern auch die Rechenzeichen, die nun ebenfalls sicher angewandt werden müssen. Sätze wie „Sieben und drei macht …" muss eine Schülerin am Ende der ersten Klasse in die Operation 7 + 3 = … umwandeln können. Auch die Vergleichssymbole größer > und kleiner < sind Rechenzeichen, die zu beherrschen sind.

Sich zurechtfinden im Zahlenraum bis 20

Um mit den Symbolen arbeiten zu können, ist es notwendig, sich im entsprechenden Zahlenraum zurechtzufinden. Ihr Kind sollte nun in der Lage sein, Ziffernkärtchen richtig zu sortieren.

Ja mehr noch: Es muss Ziffern auch an die richtige Stelle auf einem Zahlenstrahl legen oder eine genannte Zahl auffinden können. Das Benennen von „Vor- und Nachfolger" gehört ebenfalls dazu.

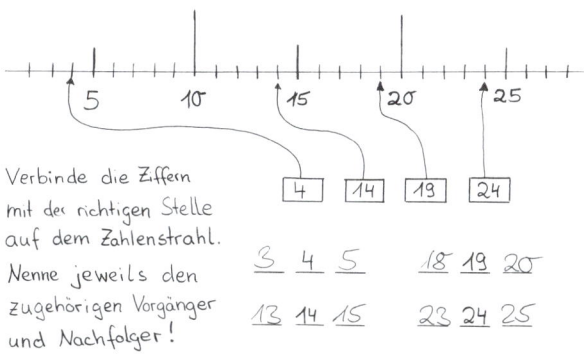

◀ Rechnen mit dem Zahlenstrahl.

Verbinde die Ziffern mit der richtigen Stelle auf dem Zahlenstrahl. Nenne jeweils den zugehörigen Vorgänger und Nachfolger!

Rechnen bis 20

Nur wenn ein Kind den Zahlenraum bis 20 kennt, ist es auch fähig, in diesem zu rechnen. Addition und Subtraktion müssen nun vollzogen werden. Sie werden nun vielleicht sagen: „Das ist (oder war) kein Problem."

Mit den Fingern gerechnet oder gezählt? Doch sind Sie sich da ganz sicher? Nimmt Ihr Kind vielleicht für das Plus- und Minusrechnen immer die Finger zur Hilfe? Hat es denn tatsächlich gerechnet oder vielleicht doch nur gezählt?

Andrea verwendete die Finger als Rechenhilfe. Es ist ja auch so praktisch, denn die Finger sind immer dabei und greifbar! Trotz gutem Zureden schaffte sie es aber nicht, sich von den Fingern zu lösen. Andrea rechnete eigentlich auch gar nicht, sondern zählte das Ergebnis ab, indem sie die Finger zu Hilfe nahm. Andrea nahm schon immer die Hände zu Hilfe und war dabei so flink, dass sie – selbst ohne die Finger sichtbar anzuwenden – richtige Ergebnisse produzierte und dies in einem sehr schnellen Tempo.

Ob ein Kind mit den Fingern zählt, ist unter anderem feststellbar, wenn Ergebnisse dabei sind, die genau um eins falsch sind. Dies weist eindeutig auf eine falsche Zählstrategie hin. Die erste Zahl wird dabei nochmals mitgezählt.

Für das Lösen von Rechenaufgaben kann Ihr Kind die Finger bei unterschiedlichen Strategien einsetzen:

1. Ihr Kind zählt das Ergebnis völlig aus: Die Aufgabe 3 + 4 löst es, indem es die ersten drei Finger abzählt („eins, zwei, drei") und dann nochmals 4 Finger dazuzählt („eins, zwei, drei, vier"). Anschließend zählt es die gesamten Finger („eins, zwei, drei, vier, fünf, sechs, sieben"). Beim Minusrechnen wird zuerst die größere Zahl mit Fingern dargestellt und dann die kleinere Zahl abgezogen, wobei das Endergebnis erneut abgezählt wird.

2. Ihr Kind zählt weiter:

> ## Tipp
>
> Beantwortet Ihr Kind die Aufgabe: 9 + 3 mit dem Ergebnis 11?
> Dann rechnet bzw. zählt Ihr Kind sicherlich folgendermaßen, beginnend mit dem ersten Finger von drei: „neun, zehn, elf".

Hier zählt es beim Plusrechnen die zweite Zahl zur ersten hinzu, also: „eins, zwei, drei" und dann „vier, fünf, sechs, sieben". Ähnliches Vorgehen erfolgt beim Minusrechnen.

Um vor allem den Zehnerübergang, also das Rechnen über die 10 hinaus, ohne Finger rechnen zu können, muss Ihr Kind Zahlen richtig zerlegen können.

Die Zahl oder Menge neun lässt sich in viele Teile zerlegen: $8 + 1$ oder $2 + 7$ oder $3 + 6$ oder $5 + 4$ – aber auch in $3 + 4 + 2$. Ohne dieses Wissen kann Ihr Kind keinen Zehnerübergang ohne Zuhilfenahme der Finger schaffen.

Die Aufgabe $3 + 9$ verlangt die Einzelschritte $3 + 7$ (Achtung, hier muss ich wissen, dass von der 3 aus gesehen noch 7 bis 10 fehlen) und dann noch 2 (denn ich weiß, wenn ich von den insgesamt 9, die ich hinzurechnen muss, schon 7 habe, dann muss ich noch weitere 2 dazurechnen) macht 12. Eine einfache Aufgabe wie $3 + 9$ verlangt fünf Einzelschritte und Ihr Kind muss hierfür die Zahlen 10 und 9 zerlegen. Auf die Idee, zur Vereinfachung die Aufgabe zunächst in $9 + 3$ zu tauschen, kommen Rechenschwache selten.

Sachaufgaben im Zahlenraum bis 20

Den Alltag in Operationen, also rechnerische Handlungen und Aufgabenstellungen, umzuwandeln oder darzustellen, ist Lernziel der ersten Klasse. Die Schülerinnen und Schüler sollen Rechenoperationen zu einfachen Ereignissen finden, wie etwa Berechnungen beim Einkauf. Sachsituationen, wie das Vergleichen von Zahlen und Mengen, werden nun in Rechenzeichen dargestellt. Aus dem Text: „Leon hat 5 Autos, davon gibt er 3 an Yannick ab. Wie viele hat Leon noch?" wird nun: $5 - 3 = 2$.

Sach- und Textaufgaben waren für Andrea und ihre Mutter der reinste Horror. Um die Aufgaben lösen zu können, hätte Andrea den Inhalt des dargestellten Rechenproblems tatsächlich verstehen und in eine entsprechende Rechenaufgabe umsetzen müssen. Doch das konnte sie nicht. Begriffe wie „mehr, weniger, dazu, weg, doppelt" erkannte sie nicht als Signalwörter für Rechenzeichen oder Handlungen. Das Verstehen von Textaufgaben und Umwandeln in die richtige Operation war für Andrea sehr schwer und bedeutete für sie eine fast unüberwindbare Hürde. Häufig verband sie die Zahlen willkürlich mit Rechenzeichen und errechnete irgendetwas, Hauptsache es kam etwas dabei heraus. Für das Beherrschen von Sachaufgaben müssen Kinder nicht nur den Text sinnentnehmend lesen können, sondern auch den Zahlenraum beherrschen sowie die Situation in Zahlen und Rechenzeichen ausdrücken können, um die formulierte Rechenaufgabe auch tatsächlich rechnerisch zu lösen.

Am Ende der zweiten Klasse

Nur wenn Ihr Kind in der ersten Klasse bereits Kenntnisse erworben hat, kann es nun weitere Fertigkeiten aufbauen. Ihr Kind vertieft nun den Zahlenraum und erweitert ihn bis 100.

Fingerrechnen verbieten?

Am Ende des zweiten Schuljahres hatte sich Andrea noch immer nicht vom zählenden Rechnen gelöst. Zählt Ihr Kind beim Plus-

und Minusrechnen die Ergebnisse, ist dies ein Hinweis, dass es den Zahlenraum nicht beherrscht und verschiedene Mengen noch immer nicht gegliedert wahrnimmt. Die Vorstellung von Zahlen und Zahlbeziehungen könnte unzureichend sein und das Verbinden von Wissen unmöglich machen.

Fingerrechnen ist nicht gleich Fingerrechnen! Für das Lösen von Rechenaufgaben kann Ihr Sohn oder Ihre Tochter die Finger bei unterschiedlichen Strategien, wie oben beschrieben, einsetzen. **Fingerrechnen ist nicht grundsätzlich verboten.**

Wenn Ihr Kind Zahlen nur sehr schwer im Gedächtnis kurzeitig behalten kann, können Sie durchaus erlauben, dass es die Finger weiterhin als konkrete „Denkhilfe" oder Gedächtnisstütze gebraucht. Alternativ wäre der Einsatz eines Notizzettels möglich, was aber mehr Zeit in Anspruch nehmen würde.

Zahlenraum bis 100 erweitern und das dekadische System verstehen

Aufbau und Ordnung von Zahlen beruhen auf dem dekadischen System, was bedeutet, dass jeweils 10 zu einem Bündel und einer nächsten „Einheit" zusammengefasst werden. 10 Einer ergeben einen Zehner, 10 Zehner ergeben einen Hunderter usw.

Um sich im Zahlenraum bis 100 sicher bewegen zu können, bedarf es der Fähigkeit, die Zahlen in auf- und absteigender Reihe (50, 60, 70 oder 45, 46, 47 oder 80, 79, 78, 77 oder 40, 30, 20, 10) oder auch in verschiedenen Rechenschritten (Zehnerschritte, 3er-Schritte, 5er-Schritte) zählen und ordnen zu können.

Zum Ende des zweiten Schuljahres konnte Andrea die Zahlen bis 100 noch immer nicht korrekt erfassen oder gar mit Material oder zeichnerisch darstellen.

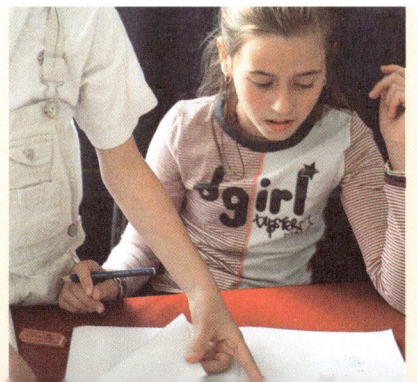

Sachaufgaben lösen bedeutet:
- den Text richtig lesen und verstehen,
- aus dem Text eine Rechenaufgabe erstellen,
- die Aufgabe berechnen,
- das Ergebnis in einem Antwortsatz formulieren.

3. Klasse: Rechenschwierigkeiten erkennen

Ihr Kind ist auffällig, wenn es in der 3. Klasse noch immer

- keine gesicherten, also abruf- und anwendbaren Kenntnisse aus der Vorschulzeit und der ersten Klasse hat
- alle Aufgaben mit den Fingern zählend bewältigt
- sich im Zahlenraum bis 100 nicht zurechtfindet
- das dekadische System (Zehnersystem) nicht verstanden hat
- im Zahlenraum bis 100 nicht addieren oder subtrahieren kann
- mit dem Verständnis von Platzhalteraufgaben noch immer Probleme hat
- kein Verständnis von der Multiplikation besitzt
- Sachaufgaben im Zahlenraum bis 100 nicht in Rechenoperationen darstellen kann

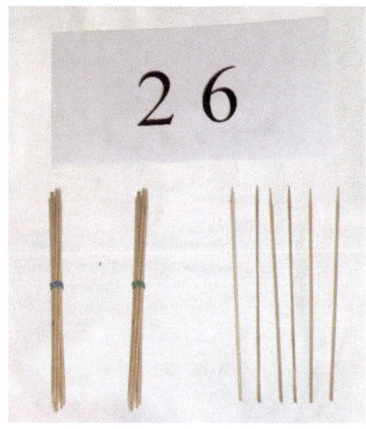

◀ Zahlen bis 100 können mit Material oder zeichnerisch dargestellt werden.

Ebenso unumgänglich für das Rechnen im Hunderter-Raum ist das Schreiben und Lesen der Zahlen bis 100. Nicht selten passierte es Andrea, dass sie beim Schreiben oder Sprechen die Zehner mit den Einern verwechselte und die gesprochene Zahl „vierunddrei-ßig" nicht als Ziffer 34, sondern fälschlicherweise die 43 schrieb. Dies ist ein häufiger Fehler und er wirft immer wieder die Frage auf, ob zuerst der Einer oder zuerst der Zehner geschrieben werden sollte. Ich empfehle Ihnen hier von Anfang an auf das Schreiben der Zahlen von links nach rechts zu achten. Gehen Sie jedoch nicht zu streng vor, wenn die Ziffern wie gesprochen geschrieben wer-den und keine Fehler beim Schreiben oder Lesen vorkommen.

Die Bedeutung der Null

Sehr viele Fehler werden bei Aufgabenstellungen, in denen eine Null vorkommt, beobachtet. Hat Ihr Kind besondere Schwierigkei-ten beim Rechnen mit Null, kann das auf ein falsches Konzept mit dem Umgang der Ziffer 0 zurückzuführen sein.

Die Ziffer Null kann:

- Für etwas Nichtvorhandenes stehen.
- Der Beginn in einer Zahlenreihe sein.
- Leerstelle im Positionssystem sein.
- Als Rechenzahl bei Aufgabenstellungen enthalten sein.

Andrea war es nicht bewusst, dass bei der Zahl 304 die Ziffer 0 aussagt, dass keine Zehner vorhanden sind, jedoch die anderen Stellenwerte wie der Hunderter oder Einer durchaus besetzt sind.

Vielleicht liegt hier bei Ihrem Kind noch nicht das Problem. Wie sieht es aber mit der Auffassung aus, dass sich beim Rechnen immer etwas verändern muss, also die Lösung immer ein anderes Ergebnis sein muss als die vorgegebenen Zahlen?

„Null ist nichts und kann weggelassen werden" ist eine völlig falsche Einsicht, die zu Fehlern führen kann.

Frau S. hörte des Öfteren von ihrer Tochter:

„Mama, vier plus null ist fünf oder vielleicht null, denn vier auf gar keinen Fall." Diese oder ähnliche Antworten und Gedanken haben Rechenschwache bei der Bearbeitung von Aufgaben, in denen eine Null vorkommt.

Addition und Subtraktion bis 100

Für das Plus- und Minusrechnen im erweiterten Zahlenraum ist es hilfreich, die so genannten „dekadischen Analogien", also Rechenvorteile, zu erkennen.

Dekadische Analogien sind zum Beispiel:

$$4 + 3 = 7$$
$$14 + 3 = 17$$
$$24 + 3 = 27$$
$$34 + 3 = 37$$

Um im Zahlenraum bis 100 addieren und subtrahieren zu können, müssen die oben aufgeführten Kenntnisse mit der Fähigkeit des flexiblen Zerlegens der größeren Zahlen (zum Beispiel $37 = 30 + 4 + 3$) verbunden werden. Sowohl für die Addition als auch Subtraktion gewinnt das Zerlegen eine große Bedeutung.

Beispiel für vorteilhaftes Zerlegen:

Aus $46 + 8$ wird $46 + 4 + 4$
Aus $84 - 7$ wird $84 - 4 - 3$
Aus $45 + 28$ wird $45 + 20 + 5 + 3$
Aus $78 - 29$ wird $78 - 20 - 8 - 1$

Einfache Gleichungen mit Platzhaltern lösen

Bereits im ersten Schuljahr werden die so genannten Platzhalter-aufgaben (zum Beispiel $4 + \square = 9$) erlernt. Hat Ihr Kind zum Ende der zweiten Klasse noch immer nicht verstanden, dass auf beiden Seiten des Zeichens = der gleiche Zahlenwert stehen muss, hat es das Konzept (siehe Seite 53) nicht verstanden.

Ein Verständnis von der Multiplikation haben

Das Malnehmen kürzt das Zusammenzählen gleicher Summan-den (Mengen) ab. 3×4 ist das Gleiche wie $4 + 4 + 4$ und 4×3 ist das Gleiche wie $3 + 3 + 3 + 3$.

Andrea scheiterte alleine schon an der Vorstellung des Gesagten und konnte sich zu der Aufgabe 4×3 keine bildliche Vorstellung machen. Obwohl sie ein zwischenzeitliches Hoch beim Einmal-eins erlebte und aufatmete, wäre zu prüfen gewesen, ob sie das Prinzip der Multiplikation tatsächlich verstanden hatte.

Ist das Einmaleins zu einem auswendig gelernten Gedicht gewor-den und beruht nicht auf einem grundlegenden Ver-ständnis, so werden auch keine Umkehroperationen (4×3 ist auch 3×4) oder spätere Rückschlüsse auf die Di-vision ($12 : 4 = 3$) möglich sein.

Das Einmaleins und die Multiplikation lassen manche aufatmen.

Sachaufgaben im 100er-Raum

Sachrechnen zum Ende der zweiten Klasse bedarf zum einen der sicheren Anwendung der Grundrechenarten – zum anderen muss der Sachtext in eine Rechenaufgabe umgewandelt werden. Die not-wendigen Informationen müssen aus Bildern, Texten, ja sogar Ta bellen und Schaubildern entnommen und versprachlicht werden. Sachrechnen stellt den Bezug zur Wirklichkeit her. Kinder müssen also die gestellten Situationen, wie Einkauf, Verteilen, Verdoppeln, aus ihrer Umwelt und außerschulischen Situation kennen. Auch wenn Ihr Kind über genügend Alltagserfahrungen verfügt, kann es trotzdem Schwierigkeiten bei der Bearbeitung der Sachaufgaben haben. Die Sprache, die Länge und auch die oft umfassenden In-formationen der Textaufgabe waren für Andrea unüberwindliche Hürden bei der Lösung, sie überforderten sie völlig. Bei manchen

Aufgabenstellungen, die mehrere Lösungsschritte verlangten und bei denen mit Zwischenergebnissen weitergerechnet werden musste oder aber unterschiedliche Rechenarten benö-

Rechnet Ihr Kind Sach-aufgaben, ohne den Inhalt zu hinterfragen? Erkennt es sinnvolle Aufgabenstellungen nicht?

tigt wurden, konnte sie nicht einmal ansatzweise zu einem Ergebnis finden. Sie konnte weder die richtigen Teilrechnungen erkennen noch diese in korrekter Reihenfolge bearbeiten.

Wenn Ihr Kind ständig alle vorgegebenen Zahlen durch ein willkürliches Rechenzeichen miteinander verbindet und versucht, eine offensichtliche Unsinnsaufgabe zu lösen, oder eine falsche Rechnung bzw. ein falsches Ergebnis nicht erkennen kann, dann sollten Sie aufmerksam werden und dem Problem auf den Grund gehen. Meist verstehen rechenschwache Schülerinnen und Schüler die Sachaufgaben nicht und wenden lediglich die gerade im Unterricht behandelte Rechenart an. Dabei verfolgen sie die Logik, kleine Zahlen miteinander zu multiplizieren, aus großen und kleinen Zahlen eine Division zu konstruieren und aus ähnlich großen Zahlen eine Addition oder Subtraktion zu „basteln".

Am Ende der dritten Klasse

In der Beratung hat sich gezeigt, dass spätestens um die Mitte der dritten Jahrgangsstufe herum die Schwierigkeiten und Probleme so massiv werden, dass Eltern Hilfe suchen.

Andrea: zu große Lücken

Die Lücken, die Andrea aus den ersten beiden Schuljahren mitschleppte, ließen sich im dritten Jahr nicht mehr schließen. Zeitaufwändiges Üben am aktuellen Lernstoff oder das Wiederholen der Inhalte über die großen Schulferien brachte keine

Rechnet Ihr Kind irgendetwas, Hauptsache, es hat ein Ergebnis?

Verbesserung. Die Schulnoten spiegelten die schlechten Kenntnisse wider. Auch wenn Andrea durch die schriftlichen Rechenverfahren teilweise ein „Hoch" erlebte, hatte Frau S. festgestellt, dass Andrea lediglich

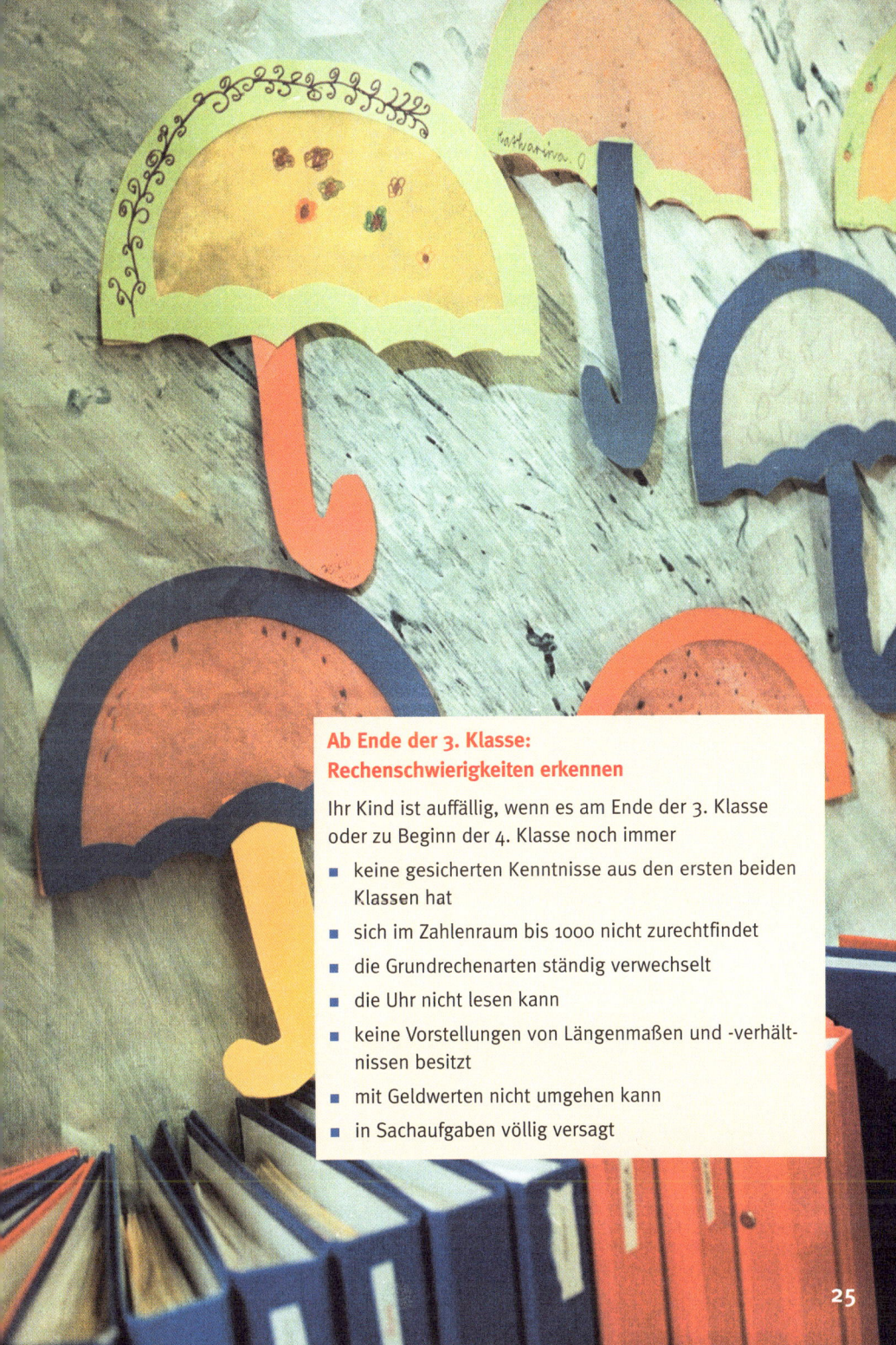

Ab Ende der 3. Klasse:
Rechenschwierigkeiten erkennen

Ihr Kind ist auffällig, wenn es am Ende der 3. Klasse oder zu Beginn der 4. Klasse noch immer

- keine gesicherten Kenntnisse aus den ersten beiden Klassen hat
- sich im Zahlenraum bis 1000 nicht zurechtfindet
- die Grundrechenarten ständig verwechselt
- die Uhr nicht lesen kann
- keine Vorstellungen von Längenmaßen und -verhältnissen besitzt
- mit Geldwerten nicht umgehen kann
- in Sachaufgaben völlig versagt

schematisch rechnete. Falsche Lösungen erkannte sie nicht. Schriftliches Addieren oder Subtrahieren sowie das Multiplizieren funktionierten noch ganz gut. Sobald es aber an die schriftliche Division ging, erkannte Frau S., dass zu viele Lücken vorhanden waren.

Rechnen im 1000er-Raum

Mit Eroberung des 1000er-Raumes verabschiedete sich Andrea von der Mathematik. Das Finden von Nachbarhundertern oder das Runden von Zahlen stieß bei Andrea auf völlige Ablehnung. Sie war mit derartigen Fragestellungen absolut überfordert. Selbst das Lesen und Schreiben der Zahlen im 1000er-Raum stellte schon ein großes Problem dar.

Dies ist nicht verwunderlich, denn nur, wer sich den Aufbau des Dezimalsystems im 20er-Raum erschlossen hat, kann dieses Wissen auch auf die Zahlen bis 100 und 1000 erweitern.

Wie spät ist es?

Andrea kommt immer zu spät. Andrea kann die Uhr nicht richtig lesen und meist rät sie die Uhrzeit. Volle Stunden bereiten zwar kaum Probleme, bei den halben Stunden ist sie sich jedoch nie sicher und verschaut sich da schon mal gerne um eine Stunde. Mit hartem Training hat Frau S. es geschafft, dass Andrea weiß, wo die Viertel- und Dreiviertelstunden sind, doch dies dann im täglichen Umgang auch umzusetzen, das gelingt kaum. Ganz zu schweigen von genauen Uhrzeiten wie 12.34 Uhr oder 19.49 Uhr. Andrea zählt jeden einzelnen Minutenstrich. Das Angeben von Zeiten in 24-Stunden-Darstellung (also 21.20 statt 9.20) gelingt gar nicht. Zeitspannen wie „eine Stunde danach" oder „eine halbe Stunde zuvor" oder gar „noch 38 Minuten" sind Aufgabenstellungen, die sie nicht einmal versucht zu lösen.

Die Uhr lesen: eins der größten Probleme rechenschwacher Schüler.

Eine Uhr ohne Zahlen

Wir, die wir täglich mit der Uhr umgehen oder die wir unseren Tagesablauf nach der Zeit orientieren, können ohne weiteres von einer Digitaldarstellung oder Analogdarstellung umwechseln. Wir erkennen Uhrzeiten sogar im Vorbeigehen. Wieso kann es jemandem so schwer fallen, die Uhr zu lesen?

Der Designer A. Emani hat eine Uhr namens Scopetime (www.scopetime.de) entwickelt, die von der uns bekannten Darstellung der Zeit abweicht. Scopetime beruht auf einer einfachen Aufteilung der Zeit in drei Bereiche: Stunden, Zehnerminuten und Einerminuten. Jeder dieser Bereiche ist in Striche unterteilt, die durch Aufleuchten die entsprechende Uhrzeit anzeigen. Zur Darstellung der Vormittagsstunden

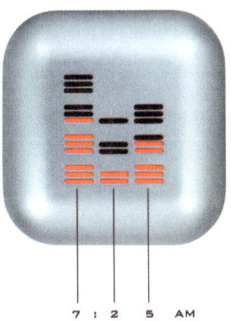

werden die Stundenstriche von unten nach oben dargestellt, während die Nachmittagsstunden durch Stundenstriche jeweils von oben nach unten aktiviert werden.

Versuchen Sie nun einmal, den Blick auf diese Uhr nur kurz vorbeischweifen zu lassen. Können Sie die Uhrzeit sicher ablesen? Und wie fühlen Sie sich, wenn ich Sie auffordere: „Stellen Sie die Uhr auf 24 Minuten später ein!"

Sie sehen, das Lesen der Uhr und das Berechnen von Zeitspannen kann auch Ihnen schwer fallen.

Längen und Gewichte

Andrea hatte gegen Ende der dritten Klasse neben dem Problem der Uhr auch Schwierigkeiten im Umgang mit Längen und Gewichten. Beobachten Sie Ähnliches bei Ihrem Kind, sollten Sie aufmerksam werden. Drittklässler sollten zumindest die Längenmaße m, cm, mm sowie die Gewichte g und kg kennen und diese auch voneinander unterscheiden können. Ihr Sohn oder Ihre Tochter sollte sowohl Längen und Gewichte vergleichen, also auch Beziehungen zwischen den einzelnen Längen- oder Gewichtsangaben herstellen können.

Andrea konnte sagen, ob sie den Strich messen oder den Apfel wiegen wollte. Den Strich exakt zu bestimmen und mit dem Lineal genau festzustellen, um wie viele Striche es sich im Ganzen handelt, war für Andrea eine Herausforderung. Manchmal versuchte sie alle einzelnen Millimeter-Striche von Beginn an zu zählen. Die Angabe der erfassten Länge, wie zum Beispiel 23 in mm oder gar in cm und mm auszudrücken, hätte ein Verständnis von cm und mm sowie dem Aufbau des Lineals erfordert.

Ein Drittklässler sollte das Messen eines Striches oder das Zeichnen nach einer Längenvorgabe beherrschen.

Mit Geld und Geldwerten umgehen

Schon früh sollten Kinder über eigenes Taschengeld verfügen, um den Umgang mit Geld zu lernen. Acht bis neun Jahre alte Kinder können schon alleine kleine Einkäufe erledigen. Kinder mit Rechenschwierigkeiten werden Sie jedoch nur schwer davon überzeugen können. „Langt das Geld auch wirklich?" oder „ich mag nicht alleine einkaufen gehen" – sind das Sätze, die Ihnen bekannt vorkommen?

Das ist gar nicht so befremdlich. Nehmen wir an, die Zahlen würden durch Buchstaben repräsentiert werden. Die 1 wäre also der Buchstabe a, die 2 der Buchstabe b usw. bis zur Null, die als Buchstabe j dargestellt werden würde. Stellen Sie sich nun den Einkauf einmal vor: Jogurts für j,ed Euro oder Milch für j,ei Euro, Bananen für a,hi Euro/kg ...

Die Umwelt wird in Sachaufgaben dargestellt.

Können Sie spontan sagen, ob die Preise günstig sind oder ob Ihr Geld, nämlich ae Euro ausreichen wird? Nein? Genauso geht es Ihrem Kind.

Beim Umgang mit Geldwerten wie Cent und Euro wusste Andrea nicht, dass 80 Cent viel weniger darstellt als 80 Euro – ja sogar 8 Euro oder 1 Euro. Die vielleicht bis dahin erlernten Wertigkeiten von Zahlen wurden nun bei Geldangaben von ihr völlig neu beurteilt. Sie konnte nicht verstehen, weshalb plötzlich 8 mehr als 80 war.

Krisensituation Sachaufgaben

In der dritten Klasse werden Alltagssituationen in Sachaufgaben eingekleidet. Fragestellungen zur Uhr, zu den Längen oder zum Geld müssen mit dem Aufstellen und Ausrechnen von Rechenaufgaben gelöst werden. Für das Lösen der Fragestellungen benötigt man Informationen, etwa Umrechnungseinheiten von cm in mm oder kg in g oder Stunden in Minuten.

Komplexe Textaufgaben müssen in einzelne Aufgabenschritte zerlegt werden. Der sichere Umgang mit den Grundrechenarten wird zu einer elementaren Angelegenheit.

> ## Tipp
>
> Sowohl für das Messen als auch Wiegen bedarf es dreier Angaben:
> 1. Was wird gemessen oder gewogen?
> 2. Wie lang ist es oder wie viel wiegt es?
> 3. In welcher Einheit wurde gemessen oder gewogen?

Alles schrecklich ...

Andrea verstand gegen Ende der dritten Klasse gar nichts mehr und ihre Mutter wagte kaum, Andrea zu motivieren, Text- und Sachaufgaben zu üben. Meist sperrte sich Andrea so stark dagegen, dass bereits ein Lesen der Textaufgabe gar nicht möglich war. Bei den Hausaufgaben ging Frau S. dazu über, die Lösungsschritte vorzugeben, damit ihre Tochter am nächsten Tag nicht mit unvollständiger Hausaufgabe zur Schule ging und erneut Frust erleben musste.

Wenn gar nichts mehr geht

Besonders aufmerksam sollten Sie sein, wenn Ihr Kind keine Lust mehr hat, in die Schule zu gehen oder sogar dem Unterricht fernbleibt und einzelne Schulstunden schwänzt. Andrea S. klagte stets über Bauch- und Kopfschmerzen, und dies verstärkt am Tag einer Matheprobe oder am Abend zuvor. In manchen Nächten konnte sie wegen Albträumen schlecht schlafen oder nässte sogar ins Bett.

Sollten Sie Anzeichen einer psychischen Überlastung bei Ihrem Kind feststellen oder hat Ihr Kind sogar schon einmal den Wunsch geäußert, nicht mehr leben zu wollen, benötigen Sie und Ihr Kind dringend Hilfe. Lesen Sie daher unbedingt das Kapitel „Wenn außerschulische Hilfe benötigt wird".

Dyskalkulie, Rechenstörung, Rechenschwäche?

Vielleicht haben Sie in den Beispielen im vorhergehenden Kapitel Ihr Kind wiederentdeckt? Doch Vorsicht: Einzelne Schwierigkeiten alleine sind noch nicht ausschlaggebend genug, um eine Rechenstörung anzunehmen.

Wie bereits zu Beginn des Buches angesprochen, verwenden unterschiedliche Autoren unterschiedliche Begriffe, um Kinder mit Rechenschwierigkeiten zu beschreiben. Ich möchte keine neue Definition oder Abgrenzung der Begrifflichkeiten vornehmen und die 52. Beschreibung von Rechenstörung, -schwäche oder Dyskalkulie liefern. Um sich selbst ein Urteil bilden zu können, sollten Sie ein wenig mehr über die Theorien und Forschungsarbeiten wissen, die es zu diesem Thema gibt. Definitionsversuche zur Frage: „Was ist eine Dyskalkulie?":

Schlecht in Mathe zu sein, heißt nicht gleich, eine Rechenstörung zu haben.

- Es sind bestimmte Schwierigkeiten beim Rechnen gegeben.
- Die Leistungen sind viel schlechter als in anderen Fächern.
- Mathematisches Wissen wird nicht erworben.
- Bestimmte Ursachen können zu Rechenschwierigkeiten führen.
- Es gibt eine deutliche Abweichung zwischen der allgemeinen Intelligenz und den mathematische Fertigkeiten.

Eine Zusammenfassung unterschiedlicher Definitionen bildet die kinder- und jugendpsychiatrische Praxis, deren diagnostische Kriterien sich nach der internationalen Klassifikation (ICD-10) der

Weltgesundheitsorganisation (WHO) richten.
Der Begriff „Dyskalkulie" wird von der WHO nicht verwendet. Er wird jedoch durchaus von anderen Fachleuten benutzt, aber in sehr unterschiedlicher Weise.

Tipp

ICD (= International Classification of Disease) ist ein internationaler Katalog, der den Japaner verstehen lässt, was der Grieche oder Deutsche unter der Ziffer F81.2 beschreiben will.

Der ICD-10 ist ein internationaler Klassifikationskatalog, der verschiedene Krankheiten oder Störungen beschreibt. Im Kapitel F 81 werden Entwicklungsstörungen schulischer Fertigkeiten zusammengeführt. Hier findet sich beispielsweise unter F81.0 die Lese-Rechtschreib-Störung, die auch als Legasthenie bekannt ist.

Definition einer Rechenstörung nach WHO, Ziffer F81.2:

Diese Störung beinhaltet eine umschriebene Beeinträchtigung von Rechenfertigkeiten, die nicht allein durch eine allgemeine Intelligenzminderung oder eine eindeutig unangemessene Beschulung erklärbar ist. Das Defizit betrifft die Beherrschung grundlegender Rechenfertigkeiten wie Addition, Subtraktion, Multiplikation und Division, weniger die höheren mathematischen Fertigkeiten, die für Algebra, Trigonometrie, Geometrie und Differenzial- sowie Integralrechnung benötigt werden.

Der ICD-10 grenzt den Begriff der Rechen-Störung von dem der Rechen-Schwäche ab. In den diagnostischen Leitlinien des ICD-10 der WHO werden die Begriffe Rechen-Störung und Rechen-Schwäche voneinander unterschieden.

In Diskussion gekommen sind die so genannten Diskrepanz-(Abweichungs-) Definitionen, in denen Intelligenz oder Leistungen in anderen Fächern als Bezugsgrößen angesetzt werden. Vor allem in der pädagogischen Praxis sind derartige Definitionen zunehmend in die Kritik geraten. Trotz der Bedenken wird sowohl in der Forschung als auch in Bezug auf Fördermaßnahmen weitestgehend daran festgehalten.

Rechen-Schwäche	Erworbene RS: Verlust bereits erlernter Rechen-fertigkeiten (zum Beispiel bei Unfall). Sekundäre RS: Folge einer organischen Erkrankung (zum Beispiel bei Epilepsie). Unterdurchschnittliche Rechenleistungen bei leicht unterdurchschnittlichen oder besseren Werten in einem Intelligenztest.
Allgemeine Rechen-Störung	bei Intelligenzminderung
Rechen-Störung nach Ziffer F81.2	bei unterdurchschnittlichen mathematischen Kenntnissen und mindestens durchschnittlicher Intelligenz

Unumstritten ist die Tatsache, dass alle Kinder, die Probleme mit dem Rechnen haben (oder auch anderen Kulturtechniken, wie Lesen, Schreiben und Rechtschreiben), Hilfe benötigen und ein Recht auf Unterstützung und Förderung haben sollten. Es wäre fatal zu sagen, dass nur Schülerinnen und Schüler mit einer Rechenstörung im Sinne der Ziffer F81.2 Förderung erhalten und dafür finanzielle Mittel schulisch oder auch außerschulisch zur Verfügung gestellt werden müssten. Eine Einteilung in eine Gruppe oder die Zuschreibung – wie „Andrea hat eine Rechenstörung nach F81.2" oder für ein anderes Kind geltend „Paul hat eine erworbene Rechenschwäche" – ist für das Einleiten von Hilfsmaßnahmen insofern wichtig, als alle an den Förderwegen Beteiligten durch festgelegte Begrifflichkeiten die Rechenschwierigkeiten einordnen können.

Einen Anspruch auf Hilfe sollten alle Kinder mit Rechenschwierigkeiten haben.

Wie lange wird Ihr Kind die Probleme haben?

Häufig werde ich von Eltern gefragt, ob sich denn die Rechenschwierigkeiten im Laufe der Zeit geben würden und ob das „heilbar" sei. Zunächst antworte ich immer darauf, dass „heilbar" der falsche Begriff ist. Von Heilung kann hier nicht gesprochen werden. Machen wir zur Verdeutlichung einen Vergleich und sehen uns Menschen mit Sehschwierigkeiten an:

Menschen können schlecht sehen, beispielsweise weil

- sie einen Unfall hatten und Teile ihres Sehvermögens verloren haben,
- sie von Geburt an einen Fehler in der Sehrinde haben,
- sie im Laufe der Entwicklung altersbedingt schlechter sehen,
- sie genetisch vorbelastet sind,
- sie sich falsch verhalten haben (zu viel Computerarbeit oder Lesen bei schlechtem Licht).

Ob die Rechenschwäche zu beheben ist, wird Ihnen leider niemand zuverlässig sagen können.

Dies sind nur einige Beispiele für das Phänomen „Sehschwierigkeiten". Stellen Sie die allgemeine Frage, ob eine Sehschwierigkeit heilbar ist, ohne dabei nähere Kenntnisse über die Sehschwierigkeiten zu haben, kann niemand voraussagen, dass die Sehprobleme „heilbar" wären. Die Sehschwierigkeiten müssen zunächst genauer betrachtet und benannt werden.

Ähnlich verhält es sich mit Rechenproblemen. Es müssen klare Begriffe vorhanden sein, die eine Orientierung erleichtern. Aber selbst dann kann keine Zukunftsaussage gemacht werden. Manche Kinder können bei frühzeitig einsetzender und professioneller Hilfe ihre Rechenprobleme in den Griff bekommen. Andere hingegen behalten ihre Schwierigkeiten und stehen weiterhin mit Zahlen und Rechenanforderungen auf Kriegsfuß.

Vielleicht verstehen Sie die Situation besser, sobald Sie das Kapitel über die Ursachen gelesen haben. Gegenüber Heilsversprechun-

Abgrenzungen von Begrifflichkeiten sind für die Beratung und Hilfestellung unerlässlich. Fragen Sie grundsätzlich nach und bitten Sie um Aufklärung.

gen sollten Sie also unbedingt skeptisch bleiben. Es muss der richtige, wenn auch vielleicht lange Weg gefunden werden, wie Ihrem Kind geholfen werden kann. Hierzu müssen Sie in Zusammenarbeit mit Fachleuten mehr über die Schwierigkeiten Ihres Kindes in Erfahrung bringen.

Wie wird eine Rechenstörung festgestellt?

Sie haben beobachtet, dass Ihr Kind nicht wie andere das Rechnen lernen kann. Möglicherweise haben Sie einen älteren Sohn oder eine ältere Tochter als Vergleich. Oder Sie wissen aus dem Nachbar- oder Freundeskreis, dass Gleichaltrigen die Mathematik bei weitem nicht so schwer fällt, wie es bei Ihrem Kind der Fall ist. Sie haben schon viel geübt und unendlich Geduld aufgebracht, trotzdem hat sich nicht der gewünschte Erfolg eingestellt und Sie glauben immer mehr daran, dass irgendetwas nicht stimmen kann. Eines ist Ihnen auch klar geworden: Üben, üben und nochmals üben bringt einfach nichts. Schimpfen, loben, belohnen – alles ist sinnlos. Vielleicht ist die Hausaufgabensituation mittlerweile so aus der Bahn geraten, dass sowohl Sie als auch Ihr Sohn oder Ihre Tochter unter Tränen das Zimmer verlassen. Sie wollen endlich wissen, wie und wo Sie Hilfe bekommen können.

Eine allgemein gültige Aussage kann keinesfalls zu Beginn der Hilfesuche gemacht werden.

Wer kann Ihnen helfen?

Suchen Sie zunächst den Kontakt mit dem Klassenlehrer oder gegebenenfalls dem Fachlehrer, falls der Klassenlehrer den Mathematikunterricht nicht selbst durchführt. Gehen Sie auf ihn zu und fragen Sie nach, wie er die Lage einschätzt.
Vergleichen Sie Ihre Beobachtungen und Erfahrungen mit den seinen. Schildern Sie die Hausaufgabensituation. Erzählen Sie ganz offen, ob Sie öfter helfen, die Aufgaben auszurechnen, oder gar die Lösungen vorsprechen. Teilen Sie auch mit, wie lange Ihr Kind für

die einzelnen Aufgaben braucht und welche davon tatsächlich alleine und selbstständig von Ihrem Kind gelöst wurden. Berichten Sie vom Verhalten Ihres Kindes, wie es an die Matheaufgaben herangeht oder wie viel Sie täglich gemeinsam zusätzlich üben. Haben Sie den Mut zu sagen, dass Sie sich an manchen Tagen überfordert fühlen. Führen Sie auch auf, wie lange Sie schon mit den Problemen kämpfen. Ziehen Sie die vorhergehenden Zeugnisse hinzu. Oft lassen sich hier schon erste Anzeichen in den Beurteilungen herauslesen.

Erster Ansprechpartner sollte immer die Schule sein.

Nicht alle Lehrer kennen sich mit der Thematik aus und können Ihnen weiterhelfen. Denn leider wissen noch immer viel zu wenig Lehrkräfte über das Thema „Dyskalkulie" Bescheid. Dies liegt nicht unbedingt am mangelnden Interesse, sondern ist in aller Regel darin begründet, dass Lehrkräfte in ihrer Ausbildung sehr wenig bis gar nichts über Rechenstörungen erfahren. Mangelnde Grundkenntnisse können also eine Ursache dafür sein, dass sich der Lehrer in einer ähnlich hilflosen Situation wie Sie befindet. Versuchen Sie, die Lehrkraft mit ins Boot zu bekommen und gemeinsam mehr über das Thema in Erfahrung zu bringen. Überreichen Sie ihm alle Infos, die Sie ausfindig machen, und signalisieren Sie, dass Sie den Weg gemeinsam gehen möchten.

In der Regel verweisen die Lehrer an andere schulische Fachkräfte, wie beispielsweise den Sonderpädagogen oder Schulpsychologen, an die Sie sich aber in den meisten Bundesländern auch direkt wenden können. Fragen Sie in der Schule nach, wer zuständiger Sonderpädagoge oder Schulpsychologe ist. Möchten Sie erst einmal

Wer kennt sich außerhalb der Schule mit dem Thema aus?

nicht, dass die Schule von Ihrem Vorhaben erfährt, dann wenden Sie sich an das örtliche Schulamt und erkundigen Sie sich dort nach einem Ansprechpartner.

Auf Seite 96 dieses Buches finden Sie eine Tabelle, die Ihnen einen Überblick über die Maßnahmen ermöglicht, die schulisch möglich und wünschenswert wären. Eine Vorstellung darüber zu haben, erleichtert möglicherweise das Gespräch mit Lehrerinnen und Lehrern oder Fachleuten. Hinweise zur außerschulischen Unterstützung finden Sie im Kapitel „Was nun?", Seite 58.

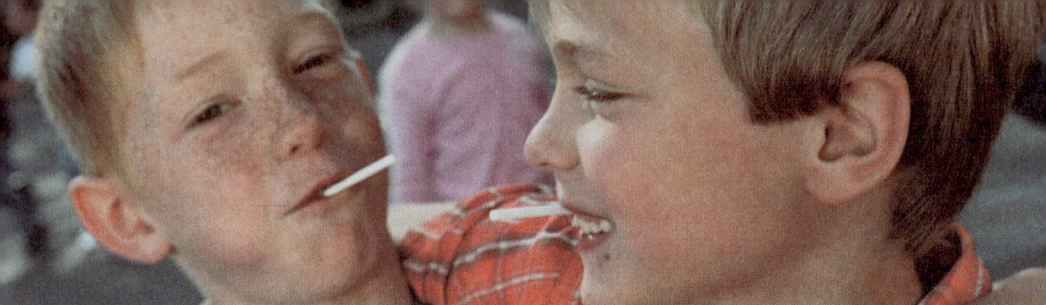

Hat Ihr Kind eine Dyskalkulie?

Spätestens seit den schlechten Schulnoten in Mathematik machen Sie sich Sorgen. Wenn dann auch noch Unterschiede zwischen den Rechenleistungen und dem Notenbild in anderen Schulfächern zu beobachten sind, stellt sich die Frage, weshalb denn gerade in Mathe die Probleme so hartnäckig bleiben und das viele Üben so gar keine Erfolge zeigt. Die Art und Häufigkeit der Fehler bereitet allen Kopf- und Bauchschmerzen. Sind es doch nur Leichtsinnsfehler oder fehlt vielleicht die Konzentration oder hat sie/er etwa keine Lust?

Kalkulieren Sie für den Weg sechs Monate ein, bis erste Hilfe tatsächlich ins Rollen kommt.

Damit Sie klare Antworten auf die vielen Fragen und vor allem neue Wege aufgezeigt bekommen, ist es wichtig, dass Sie Ihr Kind genauer betrachten lassen.

Fragen über Fragen: Blicken Sie zurück

Zunächst einmal wird die Entwicklung Ihres Kindes näher betrachtet. Es geht um die vorschulische Entwicklung des Sprechens und der Sprache sowie der Motorik und der allgemeinen körperlichen Entwicklung. Nicht unbedeutend sind auch andere diagnostische Ergebnisse, wie eine Sehtestung, Hörüberprüfung, aber auch Angaben über räumliche Orientierung.

Neben Art, Qualität und Kontinuität der schulischen Unterrichtung im Rechnen und gegebenenfalls bereits erfolgter Fördermaßnahmen steht unter anderem die Häufigkeit von Klassen- bzw. Schulwechsel im Blick der Befragung.

Für die Diagnostik und Beurteilung der Leistungen ist es wichtig zu wissen, welche bisherigen schulischen Fördermaßnahmen und/oder außerschulischen Therapien schon erfolgten.

Wenn Sie zurück an die Anfänge der Schulzeit denken, können Sie sich vielleicht daran erinnern, mit welcher Motivation Ihr Kind zur Schule ging. Charakteristisch ist eine anfangs normal motivierte Einschulungsphase, gefolgt von Enttäuschung über das Versagen im Rechnen. Die Dauer der Hausaufgaben und Hausaufgabenkonflikte sowie die spezifischen Probleme im Zusammenhang mit Rechnen stellen eine wichtige Information dar. Aus den Zeugnisnoten der ersten und zweiten Grundschulklasse lässt sich der Verlauf schulischer Leistung und Motivation erkennen.

Hat der Frust in Mathematik bereits zu allgemeiner Lernunlust geführt und die Leistungen in den anderen Fächern negativ beeinflusst? Häufig ist in späteren Zeugnissen eine Generalisierung des Lern-Leistungsversagens zu beobachten. Bringen Sie zum Klärungsgespräch und/oder zur Testung daher alle Zeugnisse der vergangenen Jahre mit.

Gesellen sich zu den Problemen in Mathe noch andere Nöte?

In manchen Fällen bleibt es leider nicht nur bei den Rechenauffälligkeiten. Um angrenzende Begleitstörungen als Ursache ausschließen zu können, wird nicht nur ein genaues Augenmerk auf die Entwicklung der motorischen Funktionen, des Sprechens und der Sprache, sondern vor allem auch auf Aktivitäts- und Aufmerksamkeitsstörungen geworfen.

Manche Kinder leiden zusätzlich unter Anpassungsstörungen wie Ängstlichkeit oder Depressionen. Auch Schulangst oder Störungen des Sozialverhaltens, gekennzeichnet durch Aggressivität, Kontaktstörungen, stark unangenehmes Verhalten, Lügen und Stehlen, können begleitend zu einer Rechenstörung beobachtbar sein.

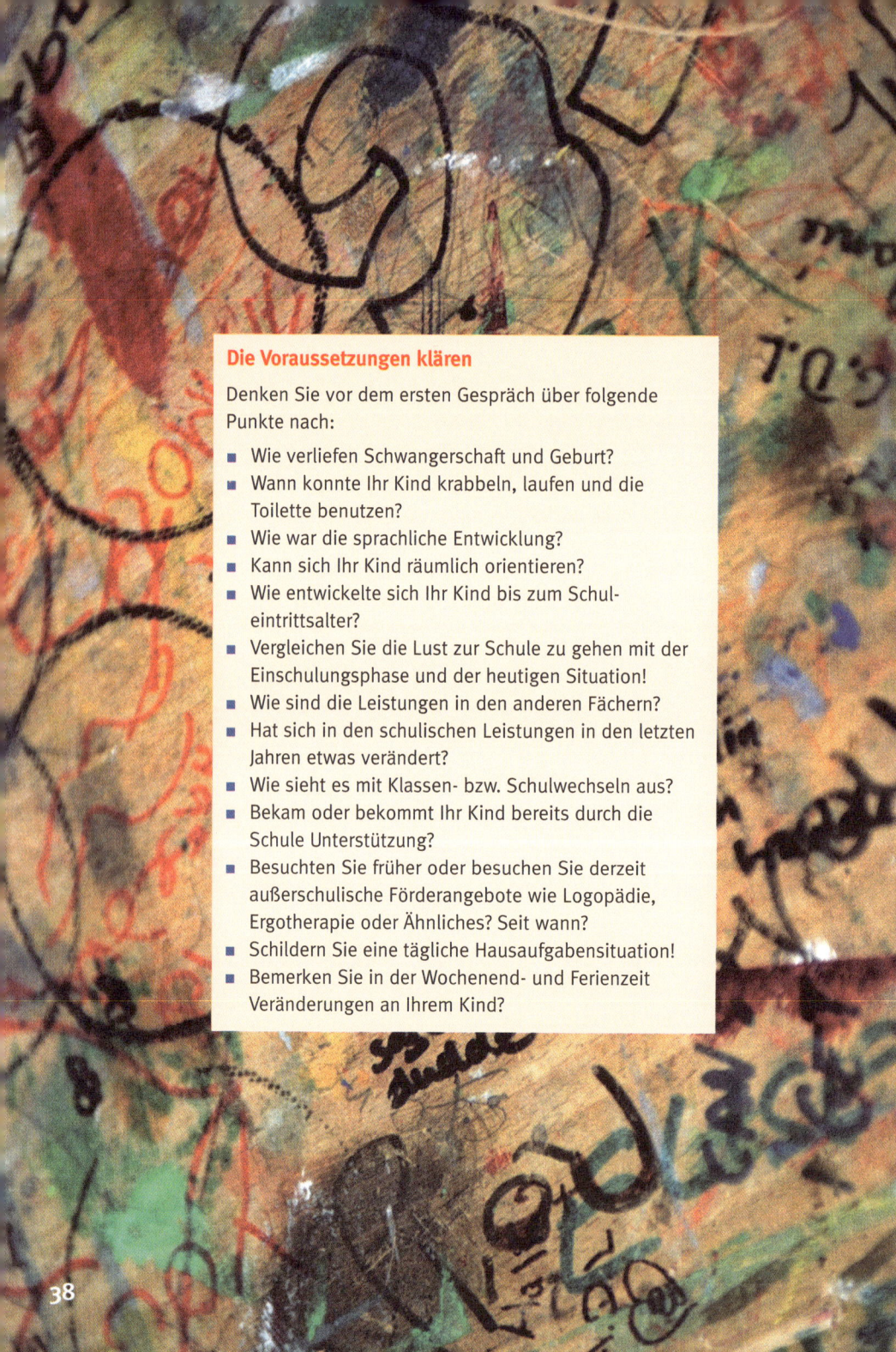

Die Voraussetzungen klären

Denken Sie vor dem ersten Gespräch über folgende Punkte nach:

- Wie verliefen Schwangerschaft und Geburt?
- Wann konnte Ihr Kind krabbeln, laufen und die Toilette benutzen?
- Wie war die sprachliche Entwicklung?
- Kann sich Ihr Kind räumlich orientieren?
- Wie entwickelte sich Ihr Kind bis zum Schuleintrittsalter?
- Vergleichen Sie die Lust zur Schule zu gehen mit der Einschulungsphase und der heutigen Situation!
- Wie sind die Leistungen in den anderen Fächern?
- Hat sich in den schulischen Leistungen in den letzten Jahren etwas verändert?
- Wie sieht es mit Klassen- bzw. Schulwechseln aus?
- Bekam oder bekommt Ihr Kind bereits durch die Schule Unterstützung?
- Besuchten Sie früher oder besuchen Sie derzeit außerschulische Förderangebote wie Logopädie, Ergotherapie oder Ähnliches? Seit wann?
- Schildern Sie eine tägliche Hausaufgabensituation!
- Bemerken Sie in der Wochenend- und Ferienzeit Veränderungen an Ihrem Kind?

Diagnostisch abzuklären sind zusätzliche Auffälligkeiten wie:

- Entwicklungsrückstände in Sprache und Motorik
- visuell-räumliche und optische Verarbeitungsstörungen
- Aufmerksamkeits- und Aktivitätsstörungen
- Anpassungsstörungen
- Schulangst und Schulverweigerung
- ungewöhnliches Sozialverhalten
- psychosomatische Symptome
- Überforderung

Nicht zu unterschätzen sind psychosomatische Symptome wie medizinisch unerklärbare Kopf- und Bauchschmerzen, Übelkeitsgefühle und Erbrechen. Für den Diagnostiker gilt es herauszufinden, ob derlei Symptome im Zusammenhang mit den schulischen Leistungsanforderungen stehen. Zu klären wäre in diesem Falle, ob das Kind sich in der richtigen Schulform befindet und ein Schulwechsel die Probleme und Auffälligkeiten mindern kann.

Heilbar ist eine Grippe.

Des Weiteren zeigen Untersuchungen, dass unter den Rechenschwachen sprachliche Entwicklungsdefizite und/oder visuell-räumliche Verarbeitungsstörungen beobachtbar sind. Deshalb ist es besonders wichtig, in der Diagnostik darauf einzugehen und umfangreiche Beobachtungen festzuhalten.

Was haben Sie bereits versucht?

Um die mangelnden Rechenleistungen richtig einschätzen zu können, ist es wichtig zu erfahren, inwieweit das Kind bereits durch Förderkurse oder durch Rücksichtnahme bei der Notengebung Berücksichtigung und Unterstützung durch die Schule erfährt oder erfahren hat. Es wird auch gefragt, wie es mit Bestrafung und Belohnung bezogen auf Leistungen aussieht. Als Bestrafungen zählen hier nicht nur die offensichtlichen wie Hausarrest oder Taschengeldkürzungen, sondern vor allem die „versteckten" Formen wie Bloßstellung in der Schule oder Hänseleien dazu.

Lernen findet nicht nur in der Schule statt. Es ist nicht ungewöhnlich, dass Kinder familiär vorbelastet sind und bereits Eltern mit dem Fach Mathematik kämpften oder heute noch den Umgang mit

Zahlen als belastend empfinden. Eine Rolle spielen auch die elterlichen und kindlichen Erwartungen an die Noten sowie die schulischen und beruflichen Zielsetzungen. Neben diesen Informationen werden Sie gefragt, ob bereits chronische Hausaufgabenkonflikte existieren. Keinesfalls belanglos ist das Ausmaß bereits erfahrener außerschulischer Förderung. Wie sieht es mit Hausaufgabenhilfe, therapeutischer Nutzung oder Nachhilfe aus, die eine Einschätzung der Schwierigkeiten neu bewerten?

Ist ein Test ratsam?

Intelligenztests und Rechentests sind nicht unumstritten. Um jedoch eine Einschätzung vornehmen zu können, welcher Art und Schwere die Probleme im Vergleich mit Gleichaltrigen sind, bedarf es zuverlässiger Verfahren. Als standardisierte Testverfahren gelten Tests, die durch eine umfassende und große Studie (häufig international) entwickelt wurden. Zur Ermittlung von Normwerten wurden Gleichaltrige mit dem gleichen Test konfrontiert. Sie erhalten nicht nur identische Fragen und Anweisungen, sondern es wurde auch genau darauf geachtet, dass in der Bewertung der präsentierten Antworten alle denselben Kriterien unterlagen. Eine genaue Befolgung der Anweisungen zur Testdurchführung ist notwendig, um Testergebnisse zu erhalten, die nicht nur unabhängig vom Untersuchenden, sondern auch zuverlässig und genau sind. Eine Wiederholung der Messung unter gleichen Bedingungen muss zum gleichen Ergebnis führen.

Quantitative Diagnostik

Auch wenn bereits vor Schuleintritt bestimmte Schwierigkeiten, die später zur erschwerten Entwicklung mathematischer Kompetenzen beitragen, beobachtbar sind, ist es erst im Schulalter möglich, eine Rechenstörung oder -schwäche festzustellen.

Zur genaueren Einordnung der Rechenprobleme sollte sowohl ein Intelligenztest als auch ein Rechentest durchgeführt werden. Der Intelligenztest gibt an, zu welchen Leistungen das Kind unabhängig seiner Schwierigkeiten im Rechnen fähig ist. Die meisten Testinstrumente beinhalten jedoch Untertests, die mathematisches Wissen überprüfen. Es ist daher besonders wichtig, dass der Testleiter ein angemessenes Verfahren auswählt und in der Lage ist, die gewonnenen Daten korrekt zu interpretieren.

Die allgemeinen Fähigkeiten werden im so genannten Intelligenzquotienten (IQ) gemessen. Eine „Abkopplung" der mathematischen Fähigkeiten zur Ermittlung des Gesamt-Intelligenzquotienten ermöglichen nicht alle Tests, sodass der Gutachter eine entsprechende Auswahl treffen muss.

Die testdiagnostische Überprüfung kann bereits Ende der ersten Klasse erfolgen.

Neben der Feststellung der intellektuellen Begabung muss eine Einschätzung der mathematischen Fähigkeiten und der erlernten Fertigkeiten vorgenommen werden. Diese werden bestimmt durch Rechentests. Erst dieses Ergebnis erlaubt es, einen Vergleich zwischen den allgemeinen Leistungsfähigkeiten und den eigentlich daraus zu erwartenden Rechenleistungen zu ziehen.

Was sagt der Intelligenz-Quotient aus?
IQ zwischen 85 und 115:
durchschnittliche Intelligenz
IQ unter 85:
niedrige bis sehr niedrige Intelligenz
IQ über 115:
hohe bis sehr hohe Intelligenz

Zur Überprüfung der Rechenleistungen stehen unterschiedliche Tests zur Verfügung. Für eine Altersgruppe oder Jahrgangsstufe werden bestimmte Verfahren herangezogen und Auswertungen vorgenommen. Ein Test besteht dabei aus mehreren kleinen Aufgabenstellungen. In der Regel wird das Kind gebeten, frei zu zählen oder eine Menge abzuzählen. Des Weiteren wird überprüft, ob Ziffern gelesen und geschrieben werden können, sowie die Fähigkeit, Zahlen in ein System (z. B. Zahlenstrahl) einzuordnen. Außerdem werden kleinere Aufgaben sowohl schriftlich als auch mündlich zum Ausrechnen angeboten. Zusätzlich muss eine Sachaufgabe gelöst werden.

Auch Rechentests unterliegen Normwerten, die es ermöglichen, die Ergebnisse zu interpretieren und Aussagen darüber zu machen, ob die Rechenleistungen dem Klassen- oder Altersniveau entsprechen.

Das Ergebnis eines Rechentests wird nicht in einem IQ-Wert, sondern in einem Prozentrang angegeben.

Prozentrang 10 bedeutet, dass bei 100 getesteten Kindern 90 davon besser waren. Prozentrang 98 bedeutet, dass 2 besser waren.

Die Diagnostik ist erst der Anfang aller Arbeit. Neben einem Intelligenztest und einem Rechentest ist es wichtig, zur Diagnostik weitere Kriterien wie Probearbeiten, Zeugnisnoten und Lehrereinschätzungen zu berücksichtigen.

Wie Sie sicherlich schon bemerkt haben, ist die Feststellung einer Dyskalkulie sehr aufwändig und verlangt von Ihrem Kind und auch von Ihnen selbst Ausdauer und Vertrauen sowie Kooperation mit den Fachleuten.

Eine umfassende Diagnostik ermöglicht es jedoch, die familiären, soziokulturellen und individuellen Faktoren zu finden, die möglichen Einfluss auf die Situation haben und eventuell dazu beitragen, die Problematik aufrechtzuerhalten oder zu verstärken. In der ausführlichen Diagnostik werden aber auch Stärken und Kompetenzen Ihres Kindes, der Familie und des Umfeldes entdeckt, die den Verlauf der Auffälligkeit und die Hilfestellungen erfolgreich beeinflussen können. In der Diagnostik geht es darum, Ihr Kind und sein Umfeld so gut wie möglich kennen zu lernen, sodass die nötige Hilfe den Besonderheiten Ihres Kindes gerecht werden kann.

◀ Ein Prozentrang unter 10 wird als auffällig und diagnostisch richtungsweisend gewertet.

Kristin Krajewski, Petra Küspert und Wolfgang Schneider
Deutscher Mathematiktest für erste Klassen

DEMAT 1+   Testheft Form B

Name: *Andrea Mustermann*   Mädchen ⊠

Klasse: *2 b*   Junge ○

Datum: *20. März 2004*

		RW (aus Testheft)	PR (aus Normentabellen)	Profil PR
Mengen-Zahlen	MZ	1 (3)	≤2	
Zahlenraum	ZR	1 (5)	4	
Addition	AD	4 (4)	72	
Subtraktion	SU	1 (4)	17	
Zahlenzerlegung-Zahlenergänzung	ZZ	1 (4)	10	
Teil-Ganzes	TG	2 (4)	40	
Kettenaufgaben	KA	0 (4)	2	
Ungleichungen	UG	3 (4)	34	
Sachaufgaben	SA	0 (4)	3	
Gesamtwert	R	$W_{(ges)}$ = 13 (36)	$PR_{(ges)}$ = 4 $T_{(ges)}$ = 29 T-Wert-Band: 26-32	

Wenn es nicht nur in Mathe Probleme gibt

Zu den Schwierigkeiten im Rechnen gesellen sich in manchen Fällen weitere Verhaltensweisen oder Lernprobleme.

Unkonzentriert, unaufmerksam oder unruhig?

Zeichnen sich bei Ihrem Kind Probleme in der Aufmerksamkeit ab, gilt es im Schulalltag als „leicht ablenkbar oder unaufmerksam"? Dies kann deshalb so sein, weil es vielleicht manche Reize oder Informationen nicht korrekt wahrnimmt.

Konzentration hingegen bezieht sich auf eine bestimmte Aufgabe, aber auch auf schnelles und genaues Arbeiten an einer Sache unter schwierigen Bedingungen. Konzentrationsprobleme in der Schule sind erkennbar an langsamen oder/und stark fehlerbehafteten Arbeiten.

Aufmerksamkeit und Konzentration ist nicht das Gleiche.

Neben Problemen in der Aufmerksamkeit und Konzentration gibt es Schülerinnen und Schüler, die zusätzlich stark motorisch unruhig und zappelig sind. Alle Phänomene werden unter dem Begriff „Aufmerksamkeits-Defizit-Hyperaktivitäts-Störung (ADHS)" zusammengefasst. Bei Kindern mit ADHS werden neben Problemen im Leistungsbereich vor allem Schwierigkeiten im sozialen Umfeld beobachtet. Aufmerksamkeits-, Konzentrationsprobleme und Hyperaktivität beginnen meist schon im Säuglingsalter mit unerklärlich lang dauernden Schreiphasen, motorischer Unruhe, Ess- und Schlafproblemen, Ablehnung von Körperkontakt und Misslaunigkeit. Im Kleinkindalter kommen

> **Tipp**
>
> Zwischen 10 und 40 Prozent der Kinder mit ADHS zeigen zusätzlich umschriebene Entwicklungsstörungen, zu denen die Rechenstörungen zählen.

eine plan- und rastlose Aktivität, schnelle, häufige und unvorhersagbare Handlungswechsel sowie geringe Ausdauer bei Einzel- und Gruppenspielen hinzu. Weiterhin zeigen diese Kinder in der Regel ausgeprägte Trotzreaktionen, unberechenbares Sozialverhalten, vermehrte Teilleistungsschwächen bezüglich auditiver und visueller Wahrnehmung, Fein- und Grobmotorik und erhöhte Unfallgefährdung.

Im Schulalter kämpfen sie mit dem Akzeptieren von Regeln in Schule, Familie und Spielgruppe. Sie stören häufig den Unterricht, haben wenig Ausdauer, neigen zu Wutanfällen oder aggressivem Verhalten. Sie haben ein chaotisches Ordnungsverhalten, reden andauernd oder produzieren Geräusche.

Unruhiges, hyperaktives Verhalten ist schon sehr früh zu beobachten, Aufmerksamkeitsprobleme erst mit den Leistungsanforderungen der Schule.

Beide Störungsbilder – ADHS und Dyskalkulie – können zum gleichen Zeitpunkt auftreten oder aber auch zeitlich aufeinander folgend. Es ist nicht leicht festzustellen, ob die Rechenschwäche hauptsächlich auf eine ADHS-Problematik zurückzuführen ist oder als ein zusätzliches Phänomen zu bezeichnen ist. Bei Beobachtung beider Auffälligkeiten ist eine umfassende und differenzierte Diagnostik unumgänglich. Eine Wiederholung der Überprüfung der Rechenfertigkeiten ist nach dem Einsetzen von Interventionsmaßnahmen bezüglich der ADHS (medikamentöse Behandlung, Verhaltenstraining, Familientherapie usw.) zu empfehlen. Erst danach kann festgestellt werden, ob die Rechenproblematik auch bei verbesserter Aufmerksamkeits- und Konzentrationsleistung weiterhin besteht.

Beobachten Sie bei Ihrem Kind ähnliche Symptome, dann sollten Sie sich zusätzlich an entsprechende Selbsthilfe-Verbände wenden und eine umfangreiche Diagnostik beim Kinder- und Jugendpsychiater und/oder Neuropädiater in die Wege leiten. Darüber hinaus erfahren Sie mehr zur ADHS-Problematik in dem Buch von Margarete Imhof: „Zappelphilipp, Hampelliese", erschienen ebenfalls in der Reihe Cornelsen Eltern-Sprechstunde.

Weder Lesen, Rechtschreiben noch Rechnen klappt?

In wenigen Einzelfällen lässt sich feststellen, dass sowohl eine Rechen- als auch Lese- und Rechtschreibstörung gegeben ist.

Alles gelesen, nichts verstanden

Carola hat eine Lesestörung, die sich durch das Auslassen, Ersetzen, Verdrehen oder Hinzufügen von Worten oder Wortteilen und eine niedrige Lesegeschwindigkeit auszeichnet. Sie hat Startschwierigkeiten beim Vorlesen, zögert lange oder verliert die Zeile im Text. Sie vertauscht beim Lesen die Wörter im Satz oder die Buchstaben in den Wörtern. Hinzu kommend hat sie Defizite im sinnentnehmenden Lesen. Sie kann Gelesenes nicht wiedergeben, daraus Schlüsse ziehen oder Zusammenhänge erkennen.

Typische Fehler gibt es nicht. Ein und dasselbe Wort wird auch unter viel Übungseinsatz immer wieder und anders falsch geschrieben.

In geringen Fällen kommen beide Störungsbilder bei sonst normaler Begabung vor. Gerade hier ist wieder eine ausführliche und differenzierte Diagnostik besonders wichtig.

Schwierigkeiten mit der Sprache

Mathematik gilt als eine eigene Sprache. Sprache aufzunehmen und gedanklich zu interpretieren ist eine wichtige Fähigkeit beim Erlernen mathematischer Inhalte.

Es ist kaum vorstellbar, wie viel Sprache in mathematischen Aufgabenstellungen versteckt ist. Besonders offensichtlich wird es bei Textaufgaben, in denen der Textinhalt zunächst erlesen und dann aber auch korrekt interpretiert werden muss. Hinzu kommt, dass in der Regel eine ganze Menge an Wörtern im Text auftreten, die mathematischen Sinngehalt besitzen. Betrachten Sie dazu das Wörtchen „vor". Es kann in vielen Zusammenhängen verwendet werden: „vor" einer bestimmten Zahl, „vor" drei Tagen, „Vor"-gänger usw. Besonders schwer wird es bei Maßeinheiten. Hinter m für Meter oder km für Kilometer, aber auch h für Stunde oder t für Tonne verstecken sich weitere zusätzliche mathematische Informationen, die auch noch in einen Zusammenhang (Umrechnungseinheiten) zu anderen Angaben gesetzt werden müssen.

Selbstversuch

Machen Sie folgenden Versuch: Stellen Sie sich vor, alle Wörter, die mathematischen Sinngehalt haben, werden in umgekehrter Reihenfolge geschrieben, also aus dem Wörtchen „vor" wird „rov". Zusätzlich werden bekannte Maßeinheiten in r und rk ausgedrückt, die eine Umrechnungseinheit von 20 r = 1 mr und 9 mr = 1 kr haben. Lesen und lösen Sie nun die Textaufgabe:

Peter hat im nenegnagrev Schuljahr an 172 negat die Schule besucht. Retnurad waren 41 egat, an denen er sgattimrov und sgattimhcan in die Schule gehen musste. Wohnung und Schule sind 270 r rednanievon tnreftne. Eiw eleiv rk hat er mi efual sed serhaj auf seinem Schulweg tgelegkcüruz?

Sie können die Aufgaben nicht verstehen und wissen nicht, was da drinsteht? So kann es Ihrem Kind ergehen. Es ist nicht einmal in der Lage, diese Aufgabe mit eigenen Worten nachzuerzählen.

Lösung:
639 kr

Für leseschwache Kinder ist es wichtig, dass sie Aufgabenstellungen erlesen können. Dies kann durch eine größere, klare Schrift und genügend Zeilenabstand erfolgen oder gegebenenfalls ein Vorlesen der Texte erfordern.

Welche Ursachen sind bekannt?

Zunächst einmal: Machen Sie sich frei von jeglichen Schuldgefühlen! Nicht Sie haben die schlechten Leistungen zu verantworten. Ebenso wenig Ihr Kind oder die Schule. Mit Zahlen umgehen und Mathematik verstehen ist ein Entwicklungs- und Lernprozess, der von vielen Dingen sowohl positiv als auch negativ beeinflusst werden kann. Im Folgenden werden wir uns unterschiedliche mögliche Ursachen genauer ansehen.

Ist Dyskalkulie angeboren?

Lange Zeit ging die Wissenschaft davon aus, dass sich mathematische Fähigkeiten erst im Laufe der Kindheit entwickeln. Neuere Studien zeigen allerdings, dass bereits Säuglinge im Alter von sieben Monaten Mengen mit bis zu vier Punkten vergleichen können. Dabei ist es ihnen sogar möglich, eine unterschiedliche Anzahl der Punkte zu erkennen. Der objektive oder tatsächliche Vergleich, von Fachleuten als Mengendiskrimination bezeichnet, wird daher als eine angeborene Fähigkeit angenommen. Schauen Sie:

$$\bullet \quad \bullet \quad \bullet$$
$$\bullet \quad \bullet \quad \bullet$$

Bereits sieben Monate alte Babys stellen hier einen Unterschied fest:

$$\bullet \quad \bullet \quad \bullet$$
$$\bullet \quad \bullet \quad \bullet$$

Verschiebungen in der Länge oder im Abstand bei gleicher Anzahl von Punkten interessieren die Babys nicht. Andere Studien, die bei neun Monate alten Kindern durchgeführt wurden, bewiesen ebenfalls ein angeborenes Verständnis für Mathematik. Den Versuchskindern wurden Additions- und Subtraktionsaufgaben mit konkretem Material (hier Mickymaus-Figuren) gestellt. Haut- und Blickfixationsmessungen zeigten Reaktionen auf richtige oder falsche Ergebnisse. Die konkrete Handlung, wie Hinzugeben oder Wegnehmen einzelner Figuren, wurde von den Säuglingen als eine Veränderung wahrgenommen und bei falschen Ergebnissen entsprechend mit einer anderen Reaktion bewertet.

Das Erkennen von Mengenveränderungen wird daher ebenfalls zu den angeborenen Fähigkeiten gezählt. Das Wahrnehmen kleiner Anzahlen und deren Mengenveränderung ist allerdings noch keine Zählfähigkeit, die aktiv gesteuert wird. Es handelt sich lediglich um die Fähigkeit, auf einen Blick eine kleine Anzahl von Objekten mengenmäßig erfassen zu können und bei Veränderung der Anzahl dies wahrnehmen und bewerten zu können.

Das grundlegende Verständnis für spätere Additions- und Subtraktionsaufgaben wie $1 + 1 = 2$ oder $2 - 1 = 1$ haben bereits 9 Monate alte Kinder.

Sind die frühen Fähigkeiten, die zum späteren Erwerb des mathematischen Verständnisses beitragen, nicht angeboren, können hier unter Umständen erste Ursachenhinweise vorliegen. Kleinkinder sind jedoch sicherlich noch lange nicht in der Lage, Rechenoperationen, so wie wir sie beherrschen, durchführen zu können. Die Darstellung in der uns bekannten Form $1 + 1 = 2$ oder $2 - 1 = 1$ erlernen Kinder erst viel später.

„Dyskalkulie" als Schicksal?

Frau S. kann sich noch sehr gut an ihre Schulzeit erinnern. Auch sie stand immer auf Kriegsfuß mit dem Fach Mathematik. Da bei ihrer Tochter nun eine Rechenstörung diagnostiziert wurde, fragt sie sich, ob sie vielleicht die Schwäche für das Rechnen vererbt hat, und vor allem, ob ihr kleiner Sohn, der bald in den Kindergarten kommt, ebenfalls eine Mathematikstörung haben wird. Ein Mathe-Gen ist von der Forschung noch nicht festgestellt worden. Protokolle und Angaben zur Vorgeschichte sowie weitere Daten erlauben lediglich den Rückschluss, dass ähnlich wie bei der Legasthenie eine gehäufte familiäre Disposition, also Veranlagung, vorkommt. Das heißt, dass in Familien, in denen bereits

Ein Mathe-Gen ist noch nicht gefunden worden!

Eltern, Geschwisterkinder oder Großeltern Probleme in Mathematik haben oder hatten, vermehrt Kinder auch betroffen sein können. Genauere Forschungen, aussagekräftige Studien oder Zahlenfakten zur Vererbungstheorie sind hingegen derzeit nicht bekannt.

Erste Warnzeichen im Kindergarten

Ergebnisse aus Studien bei Vorschulkindern zeigen, dass bestimmte mathematische Kompetenzen, so genannte Vorläuferfertigkeiten, den Erfolg eines Kindes im Mathematikunterricht der Grundschule vorhersagen lassen. Es erwiesen sich folgende Vorläuferfertigkeiten als nachhaltig:

Mengen- und zahlbezogenes Vorwissen entscheidet, wie gut ein Kind den Stoff des Mathematikunterrichts beherrschen wird.

Die Fähigkeit zur Serienbildung
Sie erlaubt es, ein Element in eine vorgegebene Reihe einordnen zu können. Hierzu gehören sowohl das Sortieren von Stöcken nach ihrer Größe als auch beispielsweise das Aufstellen von mit Kastanien gefüllten Kästen nach der beinhalteten Menge.

Objektiver Mengenvergleich
Kinder mit der Fähigkeit, Mengen objektiv vergleichen zu können, erkennen, wenn sich die Anzahl einer Menge nicht durch deren räumliche Ausdehnung kennzeichnet. Die Menge bleibt konstant oder unveränderlich. Die Menge ist trotz der räumlichen Ausdehnung gleich geblieben:

Zahlenwissen und Zählfertigkeiten

Hierzu zählt die Kenntnis der Zahlbilder bis 10, die Eins-zu-eins-Zuordnung gesprochener Ziffern und Mengen, das Abzählen bis 20, Zählfertigkeiten bis zu einem Bestimmungspunkt („zähle bis 16"), von einem Bestimmungspunkt („zähle von 16 aus rückwärts") und ab einem Bestimmungspunkt („zähle von 16 aus weiter") sowie der Ordinalaspekt („zeige den 3. Würfel").

Rechenhandlungen

Umgang und Anwenden von Zahlenwissen mit konkretem Material erwiesen sich ebenfalls als Vorläuferfertigkeiten, die im letzten Kindergartenjahr hinweisend auf die spätere Entwicklung schulischer Fertigkeiten sein können.

Was muss das Gehirn alles leisten beim Rechnen?

Andrea dachte sich oft: „Immer diese frustrierenden Noten: 6, 5 – mit etwas Glück sogar mal eine 4. Andere Fächer immer nur 1 oder 2, selten mal 3. Was ist los mit mir? Ist diese Gehirnhälfte, wo Mathe sitzt, defekt oder kaputt?" Die Neuropsychologie, die sich als Teilgebiet der Psychologie versteht, befasst sich mit den Zusammenhängen von Nervensystem und psychischen Vorgängen, also mit dem, was in unserem Gehirn passiert, wenn wir rechnen. Die Wissenschaftler um den Forscher Deheane belegten das Vorhandensein dreier unterschiedlicher Module oder Funktionseinheiten (so genanntes Triple Code Model). Diese sind für die Zahlenverarbeitung zuständig und stellen die Art dar, wie wir über Zahlen und Mengen nachdenken. Jedes Modul ist eine Funktionseinheit, die eigenständig Aufgaben automatisiert und mit großer Geschwindigkeit ausführt.

Mengen und Zahlen bewerten

Im ersten Modul befindet sich die analoge Repräsentation, die für Abschätzen, Überschlagen, Zahlenvorstellungen und das Vergleichen von Zahlen zuständig ist. Hier ist die größen- und mengenmäßige Bedeutung einer Zahl gespeichert. Es überprüft ein Ergebnis oder bestimmte Zahlen nochmals auf ihre Richtigkeit hin. Dieses Modul kann bei einem rechenschwachen Kind eingeschränkt sein oder fehlerhaft arbeiten. Dann funktioniert die Vorstellung von Zahlen, Zahlenräumen, Mächtigkeitsvergleichen nicht oder die Beurteilung, ob ein Ergebnis richtig oder falsch sein kann, ist schwer oder misslingt völlig.

Mengen und Zahlen darstellen

Jedes einzelne Modul arbeitet sowohl für sich alleine als auch mit den anderen beiden gemeinsam. Vor allem das Zusammenspiel ist für das Bewältigen und Gebrauchen mathematischer Fertigkeiten von großer Bedeutung.

Das zweite Modul ist für die visuell-arabische Repräsentation zuständig und gibt vor, wie wir Mengen oder Operationen auszudrücken haben. Das uns geläufige arabische Ziffernsystem hat seine eigenen Symbole wie 2, 12, 20 oder 200. Es gibt auch eine andere Repräsentationsform, zum Beispiel die römische Variante: II, XII, XX oder CC. Für unseren Kulturkreis wurde vereinbart, wie wir bestimmte Mengen oder Operationen darzustellen haben. Da gehören neben den Ziffernschreibweisen auch die schriftlichen Rechenverfahren, Dezimaldarstellungen oder Bruchzahlen dazu.

Mengen und Zahlen versprachlichen

Das dritte Modul repräsentiert das auditiv-sprachliche Denken und lässt uns Mengen und Zifferndarstellungen sprachlich ausdrücken. Auch dies ist eine kulturelle Vorgabe.

Schwierigkeiten, die auf dieses Modul zurückführen, sind beim Schreiben von gesprochenen Zahlen oder umgekehrt beim Lesen von Zahlen beobachtbar. Das Beherrschen von Zahlwortreihen, wie etwa die Einmaleins-Sätze oder das Aufsagen aller ungeraden Zahlen, gehören ebenfalls hierzu. Vor allem bei zweisprachig aufwachsenden Kindern zeigen sich hier verstärkt Auffälligkeiten.

Der Wissenschaftler von Aster hat ein Rechentestverfahren (ZAREKI – Zahlen- und Rechenverarbeitung bei Kindern) entwickelt, das es erlaubt, Fehleranalysen hinsichtlich dieser Funktionseinheiten vorzunehmen, sodass festgestellt werden kann, welche Module Probleme beim Arbeiten mit Zahlen bereiten.

Was ist nötig, um eine Aufgabe zu lösen?

Module und Fähigkeiten sind nicht von Geburt an gegeben. Sie entwickeln sich erst im Laufe eines Lebens zur Vollständigkeit.

Neben dem Wissen darüber, wie das Gehirn Mathematik verarbeitet, müssen wir nun auch verstehen, welche Arten von Wissen ein Kind erwerben muss, um den Umgang mit Zahlen, Operationen und anderen Bereichen aus der Mathematik zu beherrschen.

Eine Idee oder ein Konzept haben

Um die Grundrechenarten ausführen zu können, benötigt Ihr Kind eine Idee davon, was Addition, Subtraktion, Multiplikation und Division überhaupt ist. „Nehme 5 mit 3 mal" konnte Leander nicht in eine Aufgabe umsetzen. Er hatte kein Konzept von der Multiplikation, selbst die Idee einer passenden Handlung stand ihm als Vorstellung nicht zur Verfügung.

Um Anweisungen oder gestellte Rechenaufgaben lösen zu können, benötigen die Kinder eine Abbildung vor dem inneren Auge, also eine Visualisierung, auf die sie zurückgreifen können. Steht kein inneres Bild einer Handlung zur Verfügung, bleibt es beim rein schematischen Ausrechnen, das häufig über das zählende Lösen mit den Fingern nicht hinausgeht.

Beispiele innerer Bilder und Konzepte: Hinter der Aufgabe 5 x 3 steckt die Handlung: fünf mal die Menge von drei Elementen. Oder: Hinter der Subtraktionsaufgabe 345 minus 78 steckt das Wegnehmen einer Teilmenge (78) von der ganzen Menge (345).

Sich an Vereinbarungen halten

Aysegül, Cipriana und Fatmir sind zwar in Deutschland geboren, ihre Eltern stammen aber nicht von hier. Aysegül hat eine ganz besondere Art, wie sie schriftlich multipliziert, denn sie schreibt die Zahlen untereinander. Häufig verwechselt sie die Multiplikation mit der Subtraktion und gerät immer wieder ins Stocken, wenn sie schriftlich rechnen soll. Ihre Mutter ist Türkin und kann ihr nicht richtig helfen, auch sie ist mit den schriftlichen Rechenverfahren, wie sie in der deutschen Schule vermittelt werden, überfordert und kommt durcheinander. Dazu kommt, dass im Türkischen Zahlen anders benannt werden als im Deutschen. So werden bei zweistelligen Zahlen die Zehner zuerst genannt, im Deutschen die Einer: dreiundsechzig. Dies kann für zweisprachige Kinder eine Stolperfalle sein.

Ähnlich geht es Cipriana. Sie spricht zwar sehr gutes Deutsch, doch bei den Zahlworten und den schriftlichen Rechenverfahren hat sie ihre Probleme. „Zwölf" als eigenständiges Wort kann sie sich nicht merken, sie sagt immer „zwei-zehn", denn im Italienischen heißt es „dodici" (zwei-zehn).

Fatmir kommt aus Kroatien, seine schriftliche Multiplikation erfolgt ähnlich der deutschen, allerdings notiert er die Zahlen an einer anderen Position und verwechselt dann häufiger die Stellen, wenn er versucht, die Aufgaben – wie in der Schule gelernt – zu lösen.

Zweisprachig aufwachsende Kinder haben es besonders schwer. Die Darstellung schriftlicher Rechenverfahren oder auch Zahlwortreihungen sind eine kulturelle Vereinbarung, die getroffen wurde. Vor allem Kinder aus anderen Kulturkreisen zeigen verstärkt Schwierigkeiten, auf die eingegangen werden muss.

Aber nicht nur Kinder aus fremden Kulturen haben Probleme, auch andere können sich Vereinbarungen und Anwendungsregeln nicht merken. Sie erraten und vergessen Rechenschritte oder Lösungswege. Besonders augenscheinlich wird es bei der schriftlichen Division, die exakte Vorgaben hat – gerade in Bezug auf Nullstellen. Hält sich Ihr Kind nicht an die Regeln, wie die schriftliche Division zu erfolgen hat, kommen ständig falsche Ergebnisse heraus.

Bereits Erlerntes miteinander verbinden

Stefanie ist schon in der fünften Klasse der Hauptschule und soll mit Brüchen rechnen. Das schematische Ausrechnen von Aufgabenstellungen mit Dezimalzahlen, wie 0,3 plus 0,1, kann sie ganz gut. Auch das Addieren von Brüchen, wie 3/10 plus 1/10, gelingt ihr. Diese beiden Darstellungen des Konzeptes „3 von 10" plus „1 von 10" als bildliche Darstellung bzw. aus einer Sachaufgabe in Re-

Schriftliche Multiplikation in einzelnen Ländern

Deutschland	Spanien, Portugal, Türkei, Griechenland	Italien	Jugoslawien
3 1 8 x 4 2	3 1 8	3 1 8 x	3 1 8 x 4 2
————————	x 4 2	4 2 =	————————
1 2 7 2	————————	————————	1 2 7 2
6 3 6	6 3 6	6 3 6	6 3 6
————————	1 2 7 2	1 2 7 2	————————
1 3 3 5 6	————————	————————	1 3 3 5 6
	1 3 3 5 6	1 3 3 5 6	

chenoperationen abzuleiten, misslingt völlig. Sie kann ihr Wissen über Dezimalzahlen und Brüche nicht miteinander kombinieren und es fällt ihr schwer, sich dazu ein konkretes Bild vorzustellen.

Die Verknüpfung von mehreren Arten von Wissen sowie deren Beziehungen untereinander sind jedoch wichtig und gehören zum sicheren Umgang in Mathematik. Dabei handelt es sich nicht um bloßes Aneinanderreihen. Es erfährt seine Veränderung durch die Ankopplung an bereits vorhandenes Wissen.

Es genügt nicht, nur das unterschiedliche Wissen zu besitzen und in verschiedenen Bereichen aufgebaut zu haben, es muss auch verinnerlicht und abrufbar sein. Verschiedenes Wissen wird später zu Wissenseinheiten zusammengefasst, sodass es schnell und zu jeder Zeit abrufbar ist.

Kinder mit Rechenschwäche geraten ins Stocken, müssen wieder an einzelne gelernte Dinge erinnert werden oder man muss Zusammenhänge immer und immer wieder für sie verdeutlichen.

Ist diese Vorstellung für Sie schwer nachvollziehbar? Dann erinnern Sie sich kurz zurück, wie Sie das Autofahren lernten. Sie mussten sich auf jedes einzelne Element konzentrieren: Sie „suchten" förmlich nach den Verkehrszeichen, um zu wissen, wie Sie sich zu verhalten haben. Beim Abbiegen folgten Sie einem bestimmten Rhythmus und schauten in Rück- und Außenspiegel. Sie beachteten Einparktricks Ihres Fahrlehrers.

Kindern mit Rechenstörungen mangelt es an mathematischen Ideen und inneren Konzepten, die sie spontan abrufen und anwenden können.

Ständig beobachteten Sie den Tacho, um nicht zu schnell oder zu langsam zu fahren. Und heute? Heute machen Sie das alles im Schlaf. Sie können während der Autofahrt Radio hören, eine Zigarette rauchen, registrieren sogar die spielenden Kinder auf dem Gehweg und geben Acht. Manche Fahrer können zusätzlich sogar noch telefonieren. Unterschiedliches Wissen ist mit Erfahrung verinnerlicht und automatisch abrufbar. Jede Autofahrt gestaltet sich neu und sie können sich darauf individuell einstellen. Lernen und Entwicklung haben sich vermischt.

Mathematik – ein Haus, Stein für Stein gebaut

Die Mathematik ist wie ein Massivhaus, das Stein für Stein gebaut wird. Jede Fähigkeit, jedes Wissen wird aufeinander gesetzt und mit anderen verbunden. Stellen Sie sich vor, wir würden aus einem Haus mehrere Steine herausschlagen. Irgendwann würde das ganze Gebilde zusammenbrechen. Würden Sie bereits beim Bau im unteren Stockwerk nicht alle Steine einfügen, kämen Sie beim Erstellen des gesamten Hauses nicht sehr hoch. Bevor Sie das zweite Stockwerk aufbauen wollen, kracht alles zusammen. Ebenso verhält es sich mit der Mathematik.

Nicht bei allen Kindern fehlt die gleiche Art und Menge an Steinen – bei dem einen mehr, beim anderen weniger, sowie beim einen weiter unten oder beim anderen weiter oben im „Massivhaus Mathematik". Auf allgemeine Fähigkeiten wie Konzentration, Sprachverständnis, Raumorientierung, Wahrnehmung, Merkfähigkeit und Kognition wird nach den schulischen Vorläuferfertigkeiten das Rechnen im 10er- und 20er-Raum aufgebaut. Erst danach folgt das Rechnen im 100er-Bereich und der Umgang mit Geld und Längen. Eines wird klar: Wenn ich das Haus retten möchte, dann muss ich beginnen, die Lücken zu schließen, und die neuen Steine mit den Vorhandenen verbinden. Der jeweilige Neuerwerb baut auf vorhandenen Fähigkeiten und Fertigkeiten auf. Ein Überspringen ist nicht möglich.

Fehlerhafte und ungesicherte Rechenkompetenzen führen zu mangelhaften oder gar keinen neuen Erkenntnissen.

Das Multikausal-Modell

Sie haben gesehen, dass unterschiedliche Kompetenzen benötigt werden, um mathematisches Wissen anzueignen.
In der Praxis zeigt sich, dass es einen so genannten multikausalen Zusammenhang gibt. Es sind also mehrere Ursachen, die zu den Rechenauffälligkeiten führen. Die Ursachen einer Dyskalkulie können sehr unterschiedlich sein und sind individuell. Verschiedene Gründe können einzeln, aber auch in ihrer Summe zu einer Dyskalkulie führen.

Eine Ursache alleine lässt sich meist nicht finden.

Die Forschungsbestrebungen sind im Vergleich zu denen über Legasthenie noch sehr gering. Rechenauffälligkeiten sind sehr umfassend, ihre Ursachen sind nicht gänzlich aufgeklärt.
Das Multikausal-Modell vereint die unterschiedlichen Erklärungsansätze, wobei die einzelnen Faktoren gleichzeitig auftreten können und sich jeweils auf andere auswirken.

Was nun?

Es ist ein langer Weg, bis konkrete Hilfe einsetzt und Erfolg bringt. Er ist steinig und verlangt von Ihnen als Eltern viel Durchhaltevermögen. Aber ebenso geht es Ihrem Kind. Es ist daher wichtig, dass Sie mit Ihrer Tochter/Ihrem Sohn darüber sprechen, welche Schritte Sie gehen möchten.

Wie sagen Sie es Ihrem Kind?

Starten Sie noch heute!
Frau S. setzte sich mit ihrem Mann zusammen und gemeinsam überlegten sie, wie Andrea in weitere Entscheidungen mit eingebunden werden konnte, aber vor allem, wie sie Andrea über alles aufklären sollten.

Klasse wiederholen oder Schule wechseln?

36 Prozent der deutschen Schüler und Schülerinnen haben im Laufe ihrer Schullaufbahn zumindest einmal eine Klasse wiederholt. Doch damit ist das Problem nicht behoben. Auch nicht durch einen Schulwechsel. Bei Klassenwiederholung oder Schulwechsel ändern sich Anforderungen, die gestellt werden. Doch veränderte Anforderungen sind nicht immer eine Lösung. Schon gar nicht, wenn diese noch immer nicht dem aktuellen Wissensstand entsprechen.

Einem Drittklässler, der den Zehnerübergang noch nicht verstanden und verinnerlicht hat, hilft es nichts, wenn er in die zweite Klasse zurückgestuft wird. Auch der Wechsel an eine andere Schule mit vielleicht kleineren Klassen bringt nicht den gewünschten Erfolg. Ein Übertritt an eine andere Schule oder Klassenstufe macht nur Sinn, wenn dort ein umfangreiches Maßnahmenpaket, das Ihrem Kind individuelle Hilfe leistet, angeboten werden kann. Überlegen Sie sich also derartige Schritte gut. Tauschen Sie sich mit anderen über Ihre Ideen und Sorgen aus und klären Sie Hilfsangebote in der neuen Beschulungsform vor einer Entscheidung ab.

Was können Sie von der Schule erwarten?

Einen bundesweiten Erlass, eine Empfehlung, Verwaltungsvorschrift oder rechtsbindende Anweisung für die Schule, die den Betroffenen einen Nachteilsausgleich gewährt, gibt es leider für Kinder mit Rechenstörungen bislang nicht. Für Legastheniker gibt es hier schon in einigen Ländern Nachteilsausgleiche. Die Zusammenarbeit mit der Schule und der offene Kontakt sind daher umso wichtiger. Bestehende Schulvorschriften ermöglichen teilweise, individuell in pädagogischem Ermessen auf die Schwierigkeiten einzugehen. Dies reicht von der zeitweisen Verbalbeurteilung, also Notenaussetzen, bis zum Aufstellen von Förderplänen und differenzierten schulischen Angeboten und Anforderungen. Die Regelungen sind in Deutschland von Bundesland zu Bundesland sowie in der Schweiz und Österreich von Kanton zu Kanton bzw. Land zu Land unterschiedlich. Setzen Sie sich am besten mit den Selbsthilfeverbänden (siehe Serviceteil) in Verbindung. Diese beraten Sie gerne über die aktuelle rechtliche Schulsituation in Ihrem Land.

Welche Fördermaterialien helfen

Es gibt eine ganze Menge an Fördermaterialien für den Mathematikunterricht und für das häusliche Üben (s. S. 88). Aber was hilft?

Aufbauende Sätze

Vielleicht gibt Ihnen diese Übersicht Anregungen für das Gespräch mit Ihrem Kind:

Du bist nicht dumm.
D**y**skalkulie heißt „nicht rechnen können".
Sag, wenn du Hilfe brauchst.
Keiner trägt Schuld daran.
Angst brauchst du nicht zu haben.
Lehrer wissen manchmal auch nicht weiter.
Keiner darf dich auslachen oder damit ärgern.
Unterstützung bekommst du von uns immer.
Lernen musst du trotzdem.
W**i**r haben dich lieb.
Eltern brauchen auch mal Hilfe.

Viele gute Ideen

Andreas Mutter hat viele Dinge probiert, um ihrer Tochter bei den Hausaufgaben oder den Übungen zu helfen. Nachdem auch Frau S. die Stifte und Äpfel satt hatte, kaufte sie Fördermaterialien, die ihr den Eindruck machten, dass sie Andrea beim Verstehen der Aufgaben helfen würden. Vor allem als es um den Hunderter-Raum ging, konnten sie sich nicht mehr mit den Stiften abgeben, diese waren viel zu unüberschaubar. Also bastelte Frau S. einen großen Zahlenstrahl für Andrea, so wie er im Rechenbuch abgebildet war. Andrea nahm den Zahlenstrahl zu Hilfe, verfiel aber doch recht schnell wieder in das zählende Rechnen zurück. Bei der Aufgabe 54 plus 35 zählte Andrea jeden einzelnen Strich ab, um zu einem Ergebnis zu gelangen. Sie hatte keine Idee vom Konzept des Zahlenstrahls. Sie erkannte keine Fünfer- oder Zehnerstriche als Orientierungshilfen. Frau S. bastelte daraufhin eine Hunderter-Tafel in der Hoffnung, dass Andrea nun wenigstens die 10er-Schritte durchführte und entsprechend der Aufgabenstellung die Reihen nach unten oder oben mit dem Auge suchte. Doch Andrea schien durch die beiden Materialien mittlerweile völlig verwirrt und Frau S. erkannte, dass ihre Tochter die Zahlen am besten untereinander schrieb und die schriftlichen Rechenwege mit den Fingern löste.

Um Fördermaterialien anwenden und eine Hilfe darin sehen zu können, bedarf es an Wissen über das Material, seinen Aufbau und seine logische Konstruktion. Ihr Kind benötigt also erst eine Anleitung, wie es mit dem Material umgehen kann, denn die Konstruktion ist nicht so einfach wahrzunehmen und auf den ersten Blick erkennbar. Erst dann kann Ihr Kind Material auch anwenden und aus der Handlung heraus Beziehungen herstellen und Aufgaben lösen.

> ## Tipp
>
> Für den Tausender-Raum gibt es zum Beispiel: Dienes-Blöcke, Montessori-Material, Zahlenstrahl, Schaschlik-Stäbe. Jedes Material zeichnet sich durch seinen eigenen folgerichtigen Aufbau mit der dazugehörigen Darstellung des Tausender-Raumes aus.

Wenn außerschulische Hilfe benötigt wird

Meist, wenn in der Schule keine Förderung angeboten wird oder diese nicht ausreicht, wird außerschulische Hilfe notwendig. Vor allem dann, wenn zu den Rechenschwierigkeiten psychische Belastungen hinzukommen.

Alarmzeichen

Andrea weigerte sich an manchen Tagen, zur Schule zu gehen. Bei Mathe-Schulaufgaben bekam sie schweißnasse Hände, klagte über Bauchschmerzen und Übelkeit. Sie spielte das nicht nur vor, um zu Hause bleiben zu können. In den Nächten vor einer Schulaufgabe schreckte sie auf und schrie, weil sie immer den gleichen Albtraum hatte, dass sie von Kugeln und Quadern verfolgt würde. Es dauerte sehr lange, bis Frau S. dahinter kam, dass die Beschwerden mit der Schule zu tun hatten. Erst als sie ein Tagebuch über ihre Tochter führte und darin alles festhielt, erkannte sie Zusammenhänge.

Bauchschmerzen, Albträume, depressiv, keine Freunde mehr? Dann ist es höchste Eisenbahn!

Auffälligkeiten wie Schulangst, Versagensängste, negatives Selbstwertgefühl, totale Lernverweigerung, nicht medizinisch erklärbare Kopfschmerzen/Bauchschmerzen, Erbrechen, Bettnässen, Schlaflosigkeit sind ernst zu nehmende Dinge.
In diesem Falle braucht Ihr Kind dringend Hilfe. Aber auch Probleme im Umgang mit Klassenkameraden, der Familie, Aggressionen oder Rückzug aus sozialen Kontakten weisen auf eine stark psychische Belastung hin.

Unterstützung durch das Kinder- und Jugendhilfegesetz in Deutschland

In Deutschland können unter bestimmten Umständen die Kosten einer außerschulischen Hilfe im Rahmen des Gesetzes zur Rehabilitation und Teilhabe behinderter Menschen (Sozialgesetzbuch IX) übernommen werden.

In keinem Falle bedeutet die reine Dyskalkulie eine Abweichung in der seelischen Gesundheit. Erst wenn zu einer Dyskalkulie nicht medizinisch erklärbare Beschwerden oder psychosomatische Störungen hinzukommen und diese voraussichtlich über einen längeren Zeitraum bestehen werden, ist der erste Teil des Gesetzes eingetreten. Für ein Lebensalter typische Zustände sind zeitweilige Ängste, Veränderungen des Selbstwertgefühls oder auch mal Bauchschmerzen während der Pubertät. Kann dies ausgeschlossen sein und die seelischen Störungen sind länger als sechs Monate zu beobachten, ist das Aufsuchen eines Psychologen oder Kinder- und Jugendpsychiaters sinnvoll.

Doch das alleine reicht noch nicht aus. Zum ersten Passus muss nun auch noch eine Teilhabe am Leben in der Gemeinschaft beeinträchtigt oder eine solche Beeinträchtigung zu erwarten sein. Zieht Ihr Kind sich vermehrt zurück, bricht den Kontakt zur Familie und zu den Freunden nahezu oder sogar völlig ab, könnte dies ebenso wie aggressives oder depressives Verhalten ein Hinweis sein. Auch in diesem Falle rate ich Ihnen, den Kontakt mit dem Fachmann aufzunehmen. Einen Antrag auf so genannte „Eingliederungshilfe" sollten Sie schriftlich beim Ihrem zuständigen Jugendamt anfordern. Eine Übernahme der Kosten außerschulischer Hilfe ist nicht automatisch durch den Tatbestand gegeben und einforderbar. Das für Sie zuständige örtliche Jugendamt entscheidet jeweils im Einzelfall über

Tipp

Es müssen nicht alle Erscheinungen bei Ihrem Kind beobachtbar sein, doch wenn Ihnen mehr als zwei aus den in diesem Buch beschriebenen bekannt vorkommen, dann sollten Sie umgehend einen Kinder- und Jugendpsychiater oder Psychologen aufsuchen.

„Wir haben keine Antragsformulare" oder „die Kassen sind leer" oder „es gibt keine Therapien" sind keine Ablehnungsgründe.

die Sachlage und kann Ihren Antrag gegebenenfalls ablehnen. Die Entscheidung des Jugendamtes erhalten Sie schriftlich mit einer Rechtsmittelbelehrung. Sie können dann innerhalb eines Monats Widerspruch einreichen.

Grundlage für eine Entscheidung ist ein entsprechendes Gutachten unter Berücksichtigung von Stellungnahmen seitens der Schule. Einzelne Angaben, welche Unterlagen einzureichen sind, erfragen Sie bitte vor Ort. Ein Merkblatt für die Finanzierung von Fachbehandlungen erhalten Sie beim BVL (siehe Serviceteil).

Unterstützung in Österreich und der Schweiz

Ein Gesetz, das bestimmte Voraussetzungen beschreibt, um außerschulische Hilfe zu erhalten, ist nach Auskunft der jeweiligen Verbände (siehe Serviceteil) nicht vorhanden. Je nach Kanton oder Land ergeben sich Möglichkeiten über den normalen Schulunterricht hinaus, Förderstunden zu beantragen. Bitte wenden Sie sich daher an die angegebenen Kontaktadressen und fragen Sie nach landesspezifischen Regelungen und Voraussetzungen.

Was muss ein Therapeut leisten?

In Deutschland werden wöchentlich mehrere Millionen Euro für außerschulischen Unterricht bezahlt. Vielleicht haben auch Sie schon Nachhilfe für Ihr Kind in Anspruch genommen und es hat sich trotzdem keine wesentliche Besserung gezeigt?
Eine bloße Nachhilfe reicht erfahrungsgemäß nicht aus. Ihr Kind braucht einen Fachmann, der sich speziell mit Rechenstörungen auskennt. Vom Therapeuten, der sowohl außerschulisch oder im besten Falle in der Schule zu finden ist, sollten Sie bestimmte Leistungen fordern können. Um Ihrem Kind helfen zu können, bedarf es einer ganzen Reihe an Hilfsmaßnahmen und Förderangeboten.

Individualität durch Einzelunterricht

Eine Therapie sollte grundsätzlich in einer Einzelsitzung durchgeführt werden. Nach einer weiteren gründlichen Diagnostik und dem Aufspüren und Analysieren von Fehlermustern wird ein eigener Förderplan erstellt. Ihr Kind muss da abgeholt werden, womit es noch sicheren Umgang hat. Das kann bei einem Drittklässler durchaus bedeuten, am Stoff der ersten Klasse oder noch früher zu arbeiten.

Dyskalkulie-Therapie oder -Förderung ist mehr als Nachhilfe.

Wie Sie wissen, ist die Mathematik ein in sich aufgebautes System. Darum ist es wichtig, im Förderinhalt erst dann weiter zu gehen, wenn der behandelte Stoff verstanden und automatisiert ist. Die im Verlauf der Förderung festgestellten individuellen Denkweisen des Kindes müssen aufgegriffen und korrigiert werden.

Funktionelles Training

Das funktionelle Rechentraining, also das Erlernen des eigentlichen Rechnens, bezieht sich auf das Erlernen von Rechenfertigkeiten, das Erreichen individueller Rechenlernmethoden (wie lerne ich?) und die Vermittlung von Rechenstrategien (wie muss ich eine bestimmte Aufgabe angehen?). Wenn erforderlich, gehören zu einer Therapie auch Übungen zur Konzentration und Entspannung sowie die Erarbeitung von Selbsthilfemethoden, um bestimmte Situationen wie Stress, Prüfung etc. zu bewältigen. Besonders wichtig ist es, das Kind vor einem Teufelskreis zu bewahren oder es aus diesem herauszuholen, sodass weder die schulische noch berufliche Eingliederung gefährdet wird bzw. bleibt.

Training grundlegender Fähigkeiten

Zum Training grundlegender Fähigkeiten, von Fachleuten als basale Fähigkeiten bezeichnet, gehören die so genannten Stützfunktionen wie das Kurzzeitgedächtnis, die Aufmerksamkeitsspanne, visuelle und auditive Wahrnehmung und andere grundlegende Fertigkeiten, die zum Lernen benötigt werden. Bei manchen Kindern sind die Grundlagen nur sehr dürftig vorhanden und ermöglichen keine Fördererfolge.

Ich möchte aber ausdrücklich darauf hinweisen, dass ein reines Training der basalen Fähigkeiten und Stützfunktionen (zum Beispiel ein reines Wahrnehmungstraining) nicht ausreicht, um eine Rechenschwäche „in den Griff" zu bekommen.

Kooperation zwischen Eltern und Schule

Neben dem Rechentraining ist die Betreuung der Eltern sehr wichtig. Sie müssen verstehen, wo und warum die Probleme vorhanden sind und wie Ihrem Kind in der täglichen Situation geholfen werden kann. Sie benötigen Anleitungen, wie Sie zum Beispiel Hausaufgabensituationen bewältigen und Übungseinheiten sinnvoll gestalten können.

Die Kooperation mit der Schule und dem Lehrer ist notwendig. Sowohl die Schule als auch Sie und der Therapeut müssen in einem stetigen Kontakt stehen und Rückmeldungen über **Führen Sie ein Kooperationsprotokoll.** Fortschritte und Einbrüche geben. Ein immer aufrechterhaltener Kontakt untereinander führt zu einem besseren Verständnis des Kindes und seiner Problematik.

Sie alle gemeinsam müssen Wege suchen und finden. Legen Sie am besten eine Mappe an, die regelmäßig mit Gesprächsprotokollen gefüllt wird. Pflegen Sie die Inhalte der Mappe durch regelmäßige Gesprächsabstände etwa alle sechs bis acht Wochen. In das Protokoll tragen alle (Mathelehrer, Förderlehrer, Therapeut und Sie) die angedachten Lerninhalte, also Themen für einen bestimmten Zeitraum ein. Für die einzelnen Lerninhalte werden Zielvorgaben angegeben. 50 Prozent des Lerninhaltes oder einer Klassenarbeit richtig zu beantworten kann ein Ziel sein. Bestimmte Rechenaufgaben ohne Material zu lösen, kann ein anderes Lernziel sein.

Wie die Ziele überprüft werden, tragen Sie bitte in die Spalte der Messmethoden ein. An unterschiedlichen Messmethoden lassen sich nennen: Klassenarbeit, Aufgabensammlung, Beobachtung, standardisierter Test oder andere, wie Alltagssituationen. Der Zeitraum eines Kooperationsprotokolls wird in der Spalte des Fortschrittsberichts in weitere vier Phasen eingeteilt, die jeweils mit einem Enddatum versehen werden. In der jeweiligen Phase werden nun die Lern-Fortschritte mit den Ziffern 1 bis 5, wie auf dem Protokollblatt unten aufgeführt, kommentiert. Wie Sie gemeinsam mit den Kooperationspartner ein Kooperationsprotokoll ausfüllen können, entnehmen Sie bitte dem Beispiel auf Seite 68.

> **Tipp**
>
> Eine Therapie beinhaltet:
> - Individualität durch Einzelunterricht
> - Funktionelles Training
> - Training basaler Fähigkeiten
> - Kooperation mit Eltern und Schule
> - Unterstützung bei der psychischen Bewältigung

Die leere Vorlage sollten Sie auf DIN-A3-Format vergrößern und von den Kooperationspartnern ausfüllen lassen oder für diese auf Anweisung ausfüllen. Zur Weitergabe der Informationen reichen Sie die Mappe herum. So kann jeder Einsicht nehmen und ist über das Vorgehen der anderen Kooperationspartner informiert. Um sich regelmäßig austauschen zu können, empfehle ich Ihnen, Datum und Uhrzeit des nächsten gemeinsamen Kooperationsgespräches zu notieren. Es ist nicht immer zwingend notwendig, sich dafür zu treffen, ein Telefongespräch reicht völlig aus.

Unterstützung bei der psychischen Bewältigung

Bei psychischen Belastungen ist es notwendig, dass der Therapeut zur Bewältigung beiträgt und individuell auf das Kind eingeht. Andrea erhält mittlerweile eine Dyskalkulie-Förderung. Sie wird dort wieder motiviert, aktiv am Mathe-Unterricht teilzunehmen und die Angst vor Zahlen zu verlieren. Die Therapeutin achtet genau auf Andreas Stimmung und zeigt Verständnis für ihre psychische Situation. Sie erfährt, wie sie leistungsbezogene Ängste abbauen

Kooperation von Eltern, Schule und Therapeut ist das A und O einer erfolgreichen Strategie.

Kooperationsprotokoll

Vorname, Name: _Andrea Mustermann_
Mathelehrer(in): _Frau Abakus_
Förderlehrer(in): _Herr Plan_
Therapeut(in): _Frau Tera_

Protokollblatt Nr: _5_

Klasse: _3b_

Protokollphase vom _2.2._ bis _26.2._

Nächstes Kooperationsgespräch (Datum, Uhrzeit): _1.3. (16.00) telefonisch_

Lerninhalt	Zielvorgabe	Messmethode	Fortschrittsbericht in Phase I bis IV			
			I Datum:	II Datum:	III Datum:	IV Datum:
Regelunterricht Addieren im Hunderter mit und ohne Übergang	_30_ % oder [ ] andere: $ZO + ZO\ (30 + 50 =)$ $ZO + E\ (30 + 7 =)$ $ZE + E\ (45 + 2 =)$ $ZE + E$ mit Übergang $(46 + 9)$ $ZE + ZE\ (56 + 13 =)$	KA am 26.2.	5.2. 1	12.2. 1	19.2. 1	26.2. 2
Förderunterricht Orientierung am Zahlenstrahl Zahlen vergleichen im Hunderter-Raum	% oder [x] andere: ohne Hilfsmittel Ziffern mit Rechenzeichen <, > vergleichen können	AS	6.2. 1	13.2. 1	20.2. 2	25.2. 1
Therapie Mengenvorstellungen und –darstellungen im 100er konkret – ikonisch – symbolisch	% oder [x] andere: – von der konkreten Phase lösen – aus der symbolischen Ziffern-darstellung konkrete Mengen ableiten	B	2.2. 3	9.2. 2	16.2. 2	23.2. 2
Elternhaus Spiele: Nachbarzahlen + Rauf u. Runter Zahlwortreihen in 10er-, 20er-, 5er-schritten vorwärts und rückwärts zählen	% oder [x] andere: regelmäßiges Üben und Anwenden der Spiele	B	3.2. 3	10.2. 3	19.2. 2	24.2. 2

Messmethoden: KA = Klassenarbeit   AS = Aufgabensammlung   B = Beobachtung   ST = Standardisierter Test   A = Anderes

Fortschrittsbericht:

1 = Lernziel erreicht, weiter zum nächsten
2 = Beibehalten des Lernziels – kleine Fortschritte erzielt, benötigt aber noch mehr Zeit
3 = weniger als erwartet
4 = sehr geringer Fortschritt in dieser Phase
5 = keinerlei Fortschritt in dieser Phase

kann und übt Bewälti-
gungsstrategien ein. Da-
bei verarbeitet sie sowohl
Fehlerfahrungen als auch
Versagenserlebnisse.

**Worauf müssen Sie
bei der Wahl eines
Therapeuten achten?**

Tipp

Um Eltern und Betroffene vor dem stärker werdenden
Markt an selbst ernannten Therapeuten und deren
Ausbildern zu schützen, sieht es der Bundesverband
Legasthenie und Dyskalkulie e.V. als eine Aufgabe an,
über die empfohlenen Leitlinien den Weg zu einer
bundeseinheitlichen Regelung zu bereiten.

Zusätzliche Förderung
erfolgt häufig durch außerschulische private Anbieter, deren Zahl
aufgrund der großen Nachfrage zunimmt. Wirksamkeit der Therapie sowie Qualifikation der Therapeuten sind sehr bedeutsam. Bislang gibt es weder den Ausbildungsberuf zum „Legasthenie- oder
Dyskalkulie-Therapeuten" noch einen Schutz eines solchen
Berufsbildes.

Folgende Bereiche sollten für den Therapeuten Ihres Kindes nicht
neu sein:

- Entwicklungspsychologie und -biologie
- Erscheinungsbilder
- Mathematik-Didaktik
- Diagnostik und Differenzialdiagnostik
- Förderung und Behandlung
- Zusammenarbeit
- spezielle ethische und rechtliche Grundlagen der Berücksichti-
  gung, Förderung und Behandlung der Dyskalkulie

Voraussetzung sollte der Abschluss einer Ausbildung zum Di-
plom-Pädagogen, Diplom-Psychologen, Diplom-Sozialpädagogen,
Lehrer/Sonderschullehrer oder Arzt sein. Derzeit tätige Therapeuten verfügen in der Regel über ein abgeschlossenes Hochschulstu-
dium mit den Kernfächern Pädagogik, Medizin oder Psychologie.
Sie sollten sichergehen können, dass die therapierende Person
bzw. Einrichtung über eine Qualifikation im pädagogisch-psycho-
logischen Bereich verfügt sowie Kenntnisse über Mathematik-
Didaktik besitzt.

Was können Sie
für Ihr Kind tun?

„Ich verstehe nicht, warum Andrea die Aufgaben zu Hause oft richtig rechnet, aber in der Schule doch wieder falsche Ergebnisse präsentiert. Kann sie es von einem auf den anderen Tag verlernt haben?" Diese Frage stellte sich Frau S. häufig. Hätte sie die Hausaufgaben- und Übungssituation als Außenstehende beobachten können, wäre ihr klar geworden, dass Andrea die Aufgabe gar nicht wirklich verstanden hatte. Nein, sie kam alleine nicht einmal auf korrekte Ergebnisse, was sich in der Schule dann widerspiegelte. Sie hatte vielmehr nur eine vage Vorstellung der Lösung, die sie ihrer Mutter vorsichtig präsentierte. Bei Aufgaben wie 15 minus 0 beispielsweise sprach sie ganz langsam „füüünnnnffff" und beobachtete die Reaktion ihrer Mutter. Zeigte diese ein Lächeln mit der Vorfreude auf das richtige Ergebnis, deutete Andrea das als „ja, das Ergebnis stimmt" und sagte „fünfzehn".

Unterlassen Sie also Gesten wie Kopfschütteln, Nicken oder Räuspern als Ausdruck von Zustimmung oder Ablehnung. Ebenso verhält es sich mit dem Aufreißen der Augen oder dem Stirnrunzeln. Aus Unsicherheit tendiert Ihr Kind möglicherweise dazu, unterschiedliche Lösungen parat zu haben, und versucht, diese durch Sie bewerten zu lassen. Vielleicht ist es auch des Öfteren so, dass Sie sofort erkennen, wenn Ihr Kind auf dem falschen Lösungsweg ist oder gar keinen gefunden hat und Sie dann sofort die Aufgabe nochmals erklären oder sogar die Rechenschritte laut vorrechnen. Das müssen Sie künftig unbedingt unterlassen.

Geben Sie Ihrem Kind Zeit

Um Erfolge sehen zu können, bedarf es vieler einzelner Punkte, die keinesfalls alle auf einmal angegangen werden können. Es ist ein Prozess, der sich mit der Zeit entwickelt. Schnelle Erfolge werden Sie nicht beobachten können. Vor allem, wenn sich bei Ihrem Kind bereits psychische Belastungen zeigen, ist ein sensibles Vorgehen äußerst wichtig. So, wie sich eine Rechenstörung im Laufe der Monate und Jahre entwickelt hat, braucht es ebenso wieder Zeit, diese abzubauen. Ob sich die Probleme jemals völlig in den Griff bekommen lassen, bleibt dabei zu Beginn einer Förderung leider zunächst offen.

Erwarten Sie nicht, dass durch eine Therapie die Note sofort verbessert wird. Oft liegen die Probleme im Stoff weit zurück und es bedarf einer langen Zeit, den Lehrinhalt neu und auf gezieltem Wege zu vermitteln.

Freuen Sie sich gemeinsam mit Ihrem Kind über jeden noch so kleinen Erfolg.

Stärken Sie Ihr Kind

Die heutige Zeit, in der wir alle leben, zeichnet sich durch Stress, Hektik und die Anforderung aus, immer mehr Aufgaben gleichzeitig zu bewältigen. Viele Mütter sind berufstätig und erleben die Doppelbelastung Familie und Beruf. Es bleibt ihnen wenig Zeit und Ruhe für Hausaufgaben und Übungen. Doch Ihr Kind braucht nun mehr als alle anderen Ihre Unterstützung und Hilfe. Es darf nicht nur seine Schwächen spüren. Sie müssen versuchen, seine Stärken zu wecken und zu nutzen. Der Alltag ist es, der neu gestaltet werden muss, um Fähigkeiten und Fertigkeiten aufzuspüren und zu aktivieren. Frau Sczygiel, 1. Vorsitzende des Bundesverbandes Legasthenie und Dyskalkulie e.V., sagt aus eigener Erfah-

> **Tipp**
>
> Ganz wichtig: Vermeiden Sie Hilfestellungen durch Kopfschütteln, Nicken, Räuspern, Stirnrunzeln, Augen-weit-aufreißen, Mundwickel verziehen, Äußerungen wie „mh, na, ksch-...".

rung: „Im Alltag lagen unsere Stolpersteine, die wir wegräumen mussten. Wir als Familie waren gefordert, die versteckten Chancen zu suchen. Mit Zuwendung, Zeit und Rat von Fachleuten schafften wir ein Umfeld, das die Entwicklung unserer Tochter förderte. Dabei mussten wir alle gemeinsam manche Erwartungen und Erlebnisse neu bewerten und im Besonderen auf die Gefühle unserer Tochter eingehen. Kraft geben, Mut machen, Zeit und Ruhe anbieten – das waren die wirklich wichtigen Geschenke."

Lassen Sie Ihr Kind eigene Rechenwege finden

Lassen Sie Ihrem Sprössling die Möglichkeit, eigene Rechenwege zu finden. Dabei darf es zunächst auch auf dem „Holzweg" sein. Ihre Tochter oder Ihr Sohn muss selbst darauf kommen, dass ein Ergebnis nicht stimmen kann, und den Rechenweg wieder verwerfen können.

Bleiben Sie dabei geduldig. Lassen Sie sich die einzelnen Schritte und Gedanken erklären. „Was hast du gerechnet? Was hast du dir dazu vorgestellt? Wie bist du auf die Idee gekommen?" können Fragen sein, um mehr über die Denk- und Rechenwege zu erfahren. Wiederholen Sie richtige Teilschritte. Unterbrechen Sie Ihr Kind bei einem falschen Rechenschritt behutsam und formulieren Sie die weitere Teil-Problemstellung nochmals. Das bedarf anfangs einer gewissen Übung für Sie beide. Ihr Kind muss erst lernen, dass es seine Gedanken laut aussprechen soll. Ebenso müssen Sie erst lernen, Teilschritte zu finden und zu formulieren. Beginnen Sie daher vielleicht zunächst bei einfachen Aufgaben, von denen Sie wissen, dass Ihr Kind sie richtig löst. Fragen Sie nach und wiederholen Sie die Rechenschritte.

Machen Sie Ihrem Kind Mut, den eigenen Rechenweg zu finden.

Hören Sie zu

Zuhören ist eine Fähigkeit, die wir für viele andere Situationen nahezu verlernt haben. Achten Sie auf die Worte Ihres Kindes, entdecken Sie dabei unsichere Lösungsgedanken. Gehen Sie Verwirrungen auf die Spur. Lassen Sie ihn/sie in Ruhe aussprechen und unterbrechen Sie keine Denkzeiten.

Ermutigen Sie

Es ist äußerst wichtig, dass Sie Ihr Kind wieder ermutigen. Grundsätzlich müssen Sie die Haltung vermitteln, dass es dazugehört und sich Dinge zutrauen kann.

Ich bin dumm

Andrea war nach drei Schuljahren, ständigem Üben ohne große Erfolge völlig entmutigt. Ihre Angst, Fehler zu machen und erneut zu versagen, begleitete sie ständig. Sie konnte sich nicht mehr selbst kontrollieren und war gedanklich völlig unbeweglich geworden. Dies führte zu noch mehr Fehlern und noch mehr Angst, weitere Fehler zu machen. Die schlechten Noten und das ständige Üben bestätigten das eigene Gefühl: „Ich bin zu dumm!". Sie machte sich für ihre Fehler selbst verantwortlich und war total gehemmt. Sie war angespannt, sehr kritikanfällig und zog sich schließlich immer mehr zurück.

Zeigen Sie Anerkennung für Lernbereitschaft und kleinste Fortschritte, das steigert das Selbstvertrauen, gibt Mut und Zufriedenheit. Regen Sie Ihr Kind dazu an, nachzufragen, wenn es etwas nicht verstanden hat oder Aufgabenstellungen und Erklärungen gerne noch einmal wiederholt bekommen möchte.

Es gibt viele kleine Gesten, die auf Ihr Kind ermutigend wirken: Lächeln Sie Ihr Kind öfter an, zeigen Sie freundliche Gesten, einen liebevollen Blick, wenden Sie sich dem Kind zu, sagen Sie: „Das klappt schon", bekunden Sie Interesse, erkennen Sie kleine Fortschritte an, gewähren Sie Unterstützung und Begleitung in schwierigen Situationen, zeigen Sie, woran Sie Freude und Spaß haben, hören Sie zu und fühlen Sie mit, akzeptieren Sie Ihr Kind so, wie es ist, nehmen Sie seine Gedanken und Äußerungen ernst, fragen Sie das Kind nach Lösungen, nehmen Sie es in den Arm.

Vermeiden Sie alles, was entmutigen kann: strafende Blicke, den Körper abwenden, abwerten: „immer machst du alles falsch", sich enttäuscht zeigen, immer wieder neue Forderungen stellen, entmutigen: „das schaffst du nie", Fehlersuche ohne Blick auf das Gute, nicht Ernstnehmen von Bemühungen, Gleichgültigkeit und Auslachen, Desinteresse, Druck ausüben, laute Stimme, schimpfen, schlagen, meckern, nörgeln, kritisieren, aber auch: zu arg verwöhnen.

Motivieren Sie

Motivieren Sie Ihr Kind. Ich weiß, dass dies nicht immer leicht fällt. Eine mögliche Unterstützung ist das Sammeln von Punkten. Bei vorher abgesprochener Gesamtzahl, die erreicht werden muss, gibt es eine Belohnung oder ein Wunsch wird erfüllt. Belohnungen kann es geben für eingehaltene Übungszeiten und/oder zusätzliche Aufgaben. Für jede richtig gelöste Aufgabe gibt es Punkte, die gesammelt werden. Die Motivation, möglichst hohe Punktzahlen zu erreichen, ist groß, wenn auch wirklich erreichbare Ziele gesteckt werden. Stellen Sie Wiederholungsaufgaben aus einem sicheren Lerngebiet und ermöglichen Sie so Erfolge – das motiviert in jedem Fall.

Seien Sie sicher: Betroffene Kinder konzentrieren und strengen sich um ein Vielfaches mehr an als nicht betroffene.

Geben Sie Sicherheit und Geborgenheit

Für Kinder sind Sicherheit und Geborgenheit besonders wichtig. Sie müssen Ihrem Kind zeigen, dass die Rechenschwäche kein persönliches Versagen darstellt. Überbewerten Sie die Mathematiknote nicht. Heben Sie all die Dinge hervor, die es besonders gut kann. Im Alltag und Freizeitbereich bieten sich dazu unzählige Möglichkeiten. Diese Erfolgserlebnisse tragen dazu bei, das angeknackste

Selbstwertgefühl betroffener Kinder aufzubauen und sie für ihren Alltag in der Schule zu stärken (Hobbys, Neigungen, Talente).

Tipp

Kontaktadressen von nicht kommerziellen und nicht religiös ausgerichteten Selbsthilfe-Verbänden, in denen betroffene Eltern Ihnen weiterhelfen, finden Sie im Serviceteil.

Nehmen Sie Grenzen an

Setzen Sie sich nicht unter Druck und meinen Sie nicht, ihr Kind selbst fördern zu müssen. Scheuen Sie sich also nicht, die Förderung Ihres Kindes an Dritte abzugeben. Distanz ist wichtig, um die Familiensituation nicht noch mehr zu belasten. Nehmen Sie fremde Hilfe an. Mütter sind keine Therapeuten!

Lernen Sie andere betroffene Eltern kennen

Ein wichtiger Punkt ist Ihre Einstellung zur Dyskalkulie. Es ist nur zu verständlich, wenn Sie Verzweiflung, Gefühle der Hilflosigkeit und Zukunftsängste verspüren. Doch diese Gefühle blockieren Sie und machen Sie ohnmächtig der Situation gegenüber. Werden Sie daher aktiv und begleiten Sie den Weg Ihres Kindes.

Suchen Sie andere betroffene Eltern auf, die in ähnlichen Situationen stecken. Profitieren Sie von deren Erfahrungen und Erlebnissen. Tauschen Sie sich aus, diskutieren Sie Ihre Gedanken, beratschlagen Sie. In Selbsthilfegruppen lernen Sie, die Schwäche Ihres Kindes zu verstehen und zu akzeptieren. Je früher Sie zur Ruhe kommen, desto eher können Sie Ihr Kind auffangen und stützen.

Auch Sie selbst haben Grenzen, erkennen Sie sie an. Es gibt Unterstützung.

So gestalten Sie
das Üben sinnvoll

Um die Übungsphasen erfolgreicher zu gestalten, ist es wichtig, dass Sie auf bestimmte Arbeitstechniken und Selbstorganisationsformen achten. Die folgenden Hinweise sollen Ihnen Anregungen geben.

Arbeitstechniken und Selbstorganisation

Sie müssen Ihr Kind motivieren können, trotz der bereits vielen Misserfolgserlebnisse zu lernen und zu üben. Gelingen kann Ihnen das, indem Sie kleine, erreichbare Ziele festlegen, die schrittweise anzustreben sind. Lernen Sie diese kleinen Ziele zu finden und zu formulieren. Versuchen wir es am Beispiel „Plus- und Minusaufgaben im 20er-Raum". Dieses weit formulierte Ziel (Grobziel) lässt sich noch in verschiedene Bereiche (Feinziele) untergliedern:

Grobziel
- Plus- und Minusaufgaben im 20er-Raum

Feinziele
- Lösen der Aufgaben mit Anschauungsmaterial ohne Zeitdruck
- Lösen der Aufgaben mit Anschauungsmaterial und in angemessener Zeit
- Lösen der Aufgaben ohne Anschauungsmittel in unbegrenzter Zeit

- Lösen der Aufgaben ohne Anschauungsmittel und in angemessener Zeit

Verlangen Sie nicht, dass alle Aufgaben zu hundert Prozent gelöst sind. Stecken Sie auch hier wieder unterschiedliche Ziele wie: „die Hälfte", „mehr als die Hälfte" oder „nahezu alle Aufgaben richtig". Neben der schrittweisen Zielorientierung und Zielerreichung ist es erforderlich, dass Sie Protokoll über die geleisteten zusätzlichen Arbeiten führen. Machen Sie den Einsatz und das Engagement für Ihr Kind, sich und andere sichtbar. Keiner kann dann sagen, dass zu wenig oder nichts Sinnvolles geübt wurde. Notieren Sie Tag, Datum, Zeitraum und die Übungsarten auf einem Papier.

Über das Lerntagebuch, das Frau S. gemeinsam mit Andrea ausfüllte, lernten beide die Ziele zu formulieren und festzulegen. Andrea war stolz auf ihr Lerntagebuch und zeigte gerne anderen, wie viel und wie hart sie arbeitete.

LERNTAGEBUCH VON *Andrea Mustermann*

Zeitraum *1.2. - 26.2.*

Datum	Uhrzeit von – bis	Thema
1.2	14.45 – 14.55	vorwärts zählen bis 100
3.2.	14.30 – 14.35	rückwärts zählen 30 – 0
4.2.	16.00 – 16.30	Spiel „Nachbarzahlen"
6.2.	14.45 – 14.55	rückwärts zählen 60 – 30
8.2.	15.30 – 16.00	Spiel „Nachbarzahlen"
10.2.	14.15 – 14.20	rückwärts zählen 100 – 70
12.2.	15.10 – 15.20	rückwärts zählen in 10er Schritten
14.2.	16.10 – 16.40	zählen vorwärts in 10er- u. 20er Schritten
16.2.	17.00 – 17.30	Spiel „Rauf und Runter"
18.2.	15.10 – 15.20	rückwärts zählen in 10er Schritten
20.2.	16.20 – 16.35	rückwärts zählen in 20er Schritten
22.2.	15.30 – 16.10	Spiel „Rauf und Runter"
24.2.	14.10 – 14.50	zählen vorw. + rückw. in 5er Schritten
26.2.	14.45 – 15.20	Spiel Nachbarzahlen

◀ So kann ein Lerntagebuch aussehen.

BELOHNUNGSPUNKTE:
ICH WÜNSCHE MIR: *schwimmen gehen*

Organisieren Sie das Lernen

Hausaufgabensituationen und zusätzliche Übungen wollen organisiert sein.

- Nehmen Sie sich Zeit und Ruhe.
- Versuchen Sie Geschwisterkinder währenddessen still zu beschäftigen.
- Gehen Sie nicht ans Telefon oder kochen nebenbei.
- Konzentrieren Sie sich auf die Situation.
- Sprechen Sie ab, wann Freunde vorbeikommen können und wie lange die Übungszeit dauert.
- Halten Sie sich an die Vereinbarungen. Das ist besonders wichtig. Ihr Kind muss Ihnen vertrauen können. Stellen Sie keine weiteren Aufgaben, nur weil es „heute so gut klappt" – es sei denn, es wird von Ihrem Kind selbst gewünscht.

Auf die Minute

Frau S. stellte einen Wecker sichtbar auf den Tisch. Andrea wusste, dass ihre Mutter so lange mit ihr lernen würde, bis der Wecker klingelte. Sie wusste aber auch, dass sie nicht rumtrödeln durfte. Alle Aufschubhandlungen, wie Tasche aufräumen, kurze Geschichte erzählen oder Hände waschen, führten dazu, dass ihre Mutter den Wecker um diese Zeit verlängerte.

Beachten Sie, dass Sieben- bis Zehnjährige maximal 20 Minuten, Zehn- bis Zwölfjährige maximal 25 Minuten lang ihre Gedanken auf eine Sache ausrichten können. Danach nimmt die Konzentrationsfähigkeit wieder ab. Bei Kindern mit Konzentrationsproblemen kann die Phase noch kürzer sein.

Wenn Sie das Lernen organisieren, dann versuchen Sie bitte unbedingt, Ihr Kind nicht erneut zu überfordern.

- Nehmen Sie Rücksicht auf seinen Tagesrhythmus.
- Legen Sie mit Ihrem Kind gemeinsam fest, wann welche Hausaufgaben und Übungen gemacht werden.
- Akzeptieren Sie, wenn sich Ihr Kind nach der Schule und dem Mittagessen zunächst eine Pause gönnen will.
- Legen Sie zwischen den Hausaufgaben Pausen ein. Nach einer

halben Stunde konzentrierten Arbeitens sollten zwischen 2 und 5 Minuten Pause gemacht werden. Das reicht für ein Glas Saft oder ein Stück Obst. Nach 1,5 bis 2 Stunden müssen mindestens 30 Minuten zum Entspannen gegeben werden.

Fernsehen oder Computer sind keine Entspannung!

■ Animieren Sie zur Bewegung oder erlauben Sie eine Pause auf dem Sofa.

■ Treffen Sie mit der Lehrkraft wenn möglich Absprachen darüber, wie lange maximal an den Mathe-Hausaufgaben gearbeitet wird und welche Aufgabentypen wiederholt werden müssen.

Ebenso wichtig wie die Arbeitszeit ist der Arbeitsplatz.

■ Lassen Sie alles Unwichtige wegräumen, nur die Mathesachen bleiben auf dem Tisch liegen. Benötigte Arbeitsmittel, wie Lineal, Bleistift, Radiergummi, Füller, Notizblätter und gegebenenfalls Anschauungsmaterial müssen bereitliegen.

■ Verwenden Sie Übungsblätter – keine Hefte. Die Blätter sammeln Sie in einer eigens dafür angelegten Mappe, in die auch die Kooperationsprotokolle und das Lerntagebuch eingeheftet werden.

■ Lassen Sie Ihr Kind zum Üben karierte Blätter quer nehmen: So können auf der linken Hälfte des Blattes die Aufgaben gelöst werden und auf der rechten Hälfte Nebenrechnungen oder Skizzen angefertigt werden. Das bewahrt den Überblick und die Schmierzettel verschwinden danach nicht im Papierkorb. Nebenrechnungen und Skizzen sind wichtig, wenn nachvollzogen werden soll, welche Gedanken bei den einzelnen Rechenschritten erfolgten und wo es noch Schwierigkeiten gibt.

■ Achten Sie außerdem auf saubere Schrift und Ziffern.

Aufgaben gut erklären

Aufgabenstellungen zu verstehen, folgt einem bestimmten Aufbau vom Verständnis mathematischer Operationen, der in vier Stufen eingeteilt ist.

1. Stufe: Handlungen mit konkretem Material
2. Stufe: bildliche Darstellung einer Operation

3. Stufe: symbolische Darstellung einer Operation
4. Stufe: Automatisierung

1. Stufe: konkrete Handlung

Die erste Stufe ist die konkrete Handlung mit Material. Das, was Sie schon oft von sich aus gemacht haben: mit Stiften oder Kastanien die Aufgabe erklärt. Doch Sie haben vielleicht auch schon festgestellt, dass spätestens im 20er-Raum die Stifte oder Kastanien unübersichtlich werden. Doch diese Stufe ist wichtig. Es erlaubt, den Lerninhalt konkret nachzuvollziehen.

Im nächsten Kapitel können Sie der Übersicht Anregungen zu weiterem Material für bestimmte Bereiche entnehmen.

2. Stufe: bildliche Darstellung

Kennzeichnend für die zweite Stufe ist die Darstellung der (dreidimensionalen) Handlung als (zweidimensionale) Zeichnung. Das zuvor durchgeführte Arbeiten mit Material wird nun als Skizze zu Papier gebracht. Kastanien werden zu Punkten, Stifte zu Strichen, 1000er-Blöcke (vgl. Dienes-Material) zu Würfeln. Die Handlung wird zu einer Abbildung verkürzt.

3. Stufe: symbolische Darstellung

Erst in der dritten Stufe wird die Aufgabe nun in den symbolischen Zeichen (Ziffern und Operationszeichen) dargestellt.

1. Stufe

✎ ✎ ✎ und ✎✎ sind zusammen ✎✎✎✎✎
(gesprochen: drei Stifte und zwei Stifte sind zusammen fünf Stifte)

2. Stufe

I I I und I I sind zusammen I I I I I
(gesprochen: drei Stifte und zwei Stifte sind zusammen fünf Stifte. Ich wiederhole: drei und zwei gibt fünf)

3. Stufe

3 + 2 = 5
(gesprochen: drei und zwei gibt fünf, also geschrieben: drei plus zwei ist gleich fünf)

4. Stufe
Auswendiglernen des verstandenen Aufgabensatzes

4. Stufe: Automatisierung
Als letzte Stufe wird die verstandene Aufgabenstellung und Lösung automatisiert.

Tipp

Sprechen Sie bei den Handlungen. Erklären Sie in kurzen knappen Sätzen, was Sie machen. Lassen Sie Ihr Kind dann die Handlung und später die Zeichnung selbst durchführen und achten Sie darauf, dass Ihre Tochter/Ihr Sohn ebenfalls laut dazu spricht.

Die Automatisierung darf nicht zu einem reinen Auswendiglernen werden. Das ist es, was häufig die ganze Zeit erfolglos war: etwas auswendig zu lernen, ohne es tatsächlich verstanden zu haben. So kann das Wissen nicht auf andere Situationen übertragen werden.

Automatisieren kann in Form mündlicher oder schriftlicher Aufgabenstellungen erfolgen. Es gibt aber auch viele nette Spiele auf dem Markt, die bestimmte Lernziele motivierend darbieten. Tipps und Anregungen entnehmen Sie bitte der Aufstellung im nächsten Kapitel.

◀ Achten Sie darauf, dass nicht Sie mit dem Material arbeiten, sondern Ihr Kind!

Praktische Tipps und Materialangebote

Im Folgenden finden Sie Anregungen für Materialien sowie Hinweise auf Spiele, die für bestimmte Lernziele geeignet sind. Fragen Sie in der Schule und/oder beim Therapeuten nach, ob dort bereits etwas davon verwendet wird, und sprechen Sie sich darüber ab. Die vorgeschlagenen Materialien und Spiele können Sie beim Fachhändler (siehe Serviceteil) beziehen.

Rechnen im 10er-Raum

Grundlage für den Aufbau mathematischer Kenntnisse ist neben den Vorläuferfertigkeiten das sichere Wissen über Zahlen und Zahlbeziehungen im Zahlenraum bis 10.

Zuordnung von Menge – Zahlwort – Ziffer

Um Ihrem Kind eine Vorstellung von Mengen zu vermitteln, können Sie Gegenstände gemeinsam mit Ihrem Kind zählen. Während Sie eine Zahl sprechen, tippen Sie gleichzeitig auf den Gegenstand. Nehmen Sie den Finger Ihres Kindes in die Hand und führen Sie diesen von Gegenstand zu Gegenstand, während Sie dazu sprechen; also: ein Zahlwort – ein Gegenstand. In einer nächsten Übung fordern Sie Ihr Kind auf mitzusprechen, führen aber die Bewegung noch gemeinsam aus. In der dritten Phase lassen Sie Ihr Kind die Bewegung alleine ausführen und sie sprechen gemeinsam die Zahlworte. In der letzten Phase blenden Sie Ihre Hilfestellung aus und lassen Ihr Kind die Gegenstände selbst zählen. Zunächst soll es laut – damit Sie wissen, ob die Handlung zu den Worten passt –, dann leise oder „in Gedanken" sprechen.

Handlungs-Schema

1. Gemeinsam handeln und Sie sprechen vor
2. Gemeinsam handeln und gemeinsam sprechen
3. Kind handelt alleine und Sie sprechen gemeinsam
4. Kind handelt alleine und spricht laut
5. Kind handelt alleine und spricht leise oder in Gedanken

Sie können die Übung nun erweitern, indem Sie auf einem Kärtchen die Menge als Punkte darstellen und zu den Materialien dazustellen lassen. Wählen Sie für die Punktdarstellung allerdings die strukturierte Form, also 5 Punkte jeweils voneinander abgetrennt oder aber die bekannten Würfelbilder. Zu den einzelnen Elementen lassen Sie nun Zifferkarten legen, also Karten, auf denen die Ziffern 0 bis 9 geschrieben sind. Achten Sie wieder darauf, dass Ihr Kind dazu spricht.

Neben dem Legen von Mengen können Sie eine Zahlvorstellung bis 10 auch hören (Schlagen von Tönen), spüren (blindes Ertasten von Mengen) oder motorisch erfahrbar (auf einem Bein hüpfen) machen.

Nutzen Sie unterschiedliche Spielangebote, um Ihrem Kind beim Lernen Freude zu schenken. Durch Spielen findet es einen neuen Zugang zum Lernen. Bei ausgewählten Spielen sind die bedeutsamen Lerninhalte in Spiele eingekleidet und unterbrechen die sonst langweile Präsentation von Aufgabenstellung auf einem Arbeitsblatt.

Mengen vergleichen und sortieren

Indem Mengen in eine Ordnung gebracht werden, können Sie leichter miteinander verglichen werden. Sie können Mengen beispielsweise nach Größe, Höhe oder Gewicht messen lassen. Wenn Sie Materialien aufeinander oder nebeneinander legen, ergibt sich eine räumliche Ausdehnung, die einen Vergleich ermöglicht und bei mehreren Darstellungen zum Sortieren auffordert. Wichtig ist, dass Sie dazu die Begriffe – mehr, weniger, größer, kleiner, gleich – zur Beschreibung verwenden oder dazu auffordern: „Stecke zwei gleich lange Perlen-Ketten" oder „Welche Steinchen-Reihe ist größer?" oder „In welchem Deckel befinden sich weniger Klötze?". Lassen Sie das Kind nun den Vergleich mit Ziffern und Symbolen (<, > =) darstellen. Das Kind muss zu den Materialien passende Ziffern- und Symbolkarten legen.

Zahlen zerlegen

Mengen müssen nicht nur gekannt, erkannt, verglichen und sortiert werden; es ist genau so wichtig, Mengen zerlegen zu können. Lassen Sie die Menge fünf zerlegen, aufteilen, trennen und sprechen Sie dazu „fünf Perlen kann ich aufteilen in drei und zwei".

Gehen Sie immer nach dem auf Seite 83 beschriebenen Handlungs-Schema vor.
Ergänzen Sie es durch folgende Handlungen:

6. Kind skizziert die Handlung auf Papier und spricht mit

7. Kind schreibt die Rechenaufgabe und wiederholt den gesprochenen Satz

Die Handlungen mit konkretem Material und die daraus gewonnenen Erkenntnisse sollen aufgezeichnet und schließlich schriftlich in Ziffern und Rechenzeichen festgehalten werden. Die Hemmung vor dem Zeichnen muss erst überwunden werden. Hier ein Tipp: Spielen Sie, dass Sie von einem anderen Stern kommen und keine Zahlen, sondern nur Zeichnungen verstehen können.

Legen Sie sich eine Materialkiste zu, auf die jederzeit zurückgegriffen werden kann.

„Fünf kann ich zerlegen in drei und zwei:"	• • • | • •
„Fünf ist gleich drei plus zwei"	5 = 3 + 2

Rechengeschichten erfinden

Versuchen Sie die gewonnenen Erkenntnisse dann in Rechengeschichten einzukleiden. Regen Sie Ihr Kind dazu an, die Erzählung mit Material darzustellen und nachzuerzählen. Später lassen Sie eine kleine Zeichnung dazu anfertigen, die schließlich in eine Rechenoperation umgesetzt wird.

Formulieren Sie Anweisungen oder Erklärungen immer gleich und so oft wie gewünscht in gleichem und langsam gesprochenem Wortlaut.

Denken Sie sich „Rechengeschichten" aus: Daniel und Carola haben aus Bauklötzen einen Turm gebaut. Daniel hat 5 Klötze und Carola 7 Klötze genommen. Sie streiten sich, welcher Turm größer ist. Kannst du helfen?

Oder: Martina hat 5 Barbiepuppen. Ihre Freundin Natascha kommt und bringt ihre 3 Barbies dazu. Wie viele haben sie zum Spielen?

Tauschen Sie hin und wieder die Rollen: Zeigen Sie Ihrem Kind eine Rechenaufgabe und es soll sich dazu eine Geschichte für Sie ausdenken, die Sie dann ebenso legen, nachsprechen und aufzeichnen müssen. Das Ergebnis der Rechenaufgabe kann dann ruhig einmal von Ihnen falsch gelöst sein. Fordern Sie Ihr Kind auf, den Lehrer zu spielen und auf Fehlersuche zu gehen.

Rechnen im 20er-Raum

Ebenso wie Sie im 10er Raum verfahren sind, können Sie dies im Zahlenraum bis 20 tun.

Zuordnen, vergleichen, sortieren, zerlegen

Ihr Kind muss eine Ahnung davon haben, wie viel 12, 14 oder 18 sind,

> ## Tipp
> Empfohlene Spiele für den Zahlenraum bis 10: Benjamin Blümchen lernt zählen, Rechenspiel, Memory mit Zahl- und Punktmenge, Domino, Halli-Galli, Ich spiele Einkaufen, Zahlenschatz, Zahlenspiel, Zahlen-Quartett, Kaufmannspiel, Eins-vier-viel, Ich kann schon zählen, Gib 8, Erstes Zählen, Sesamstraße: Rechnen mit Ernie, Rechen-Solo, Zirkus

und die Menge zu Ziffer (12, 14, 18) und Zahlwort (zwölf, vierzehn, achtzehn) zuordnen können.

Das Vergleichen der Mengen können Sie mit geeignetem Material, das eine schnelle Mengenauffassung ermöglicht, üben. Wichtig ist, dass Ihr Kind weiß, welcher Strukturierung das Material folgt. „Alle Perlen einer Farbe aneinander aufgereiht sind immer 10" oder „alle gebündelten Kugeln sind immer 5" oder „ein Strich steht für 10 kleine Punkte" – das sind wichtige Informationen, über die das Kind verfügen muss.

Lassen Sie nun Mengen und Zahlen vergleichen, sortieren und zerlegen, wie bereits für den Zahlenraum bis 10 beschrieben.

Addition, Subtraktion, Platzhalter-Aufgaben sowie Übertragen der Erkenntnisse in Sachaufgaben

Bei den Rechenverfahren gehen Sie in gleicher Weise vor: handeln – zeichnen – darstellen in Ziffern und Rechenzeichen.

> Andrea legt vier Knöpfe und dann nochmals drei Knöpfe dazu.
> Sie spricht: „Ich habe vier Knöpfe und nehme drei Knöpfe dazu.
> Das gibt zusammen sieben Knöpfe."
> Sie zeichnet: ⊙ ⊙ ⊙ ⊙ ⊙ ⊙ ⊙
> Sie schreibt: 4 + 3 = 7 und spricht: „vier plus drei ist gleich sieben"

Versuchen Sie zusätzlich, bei Additions- und Subtraktionsaufgaben mit dem Zahlenstrahl zu arbeiten. Anregungen erhalten Sie auf Seite 15 sowie 90.

Erst wenn der Umgang mit den Rechenaufgaben gesichert ist, können die Erkenntnisse in Rechengeschichten übertragen werden.

Der Zahlenraum bis 20 ist sehr wichtig und Sie müssen darauf achten, dass er tatsächlich verstanden und gesichert ist.

Tipp

- Geeignetes Material für den 20er-Raum:
  Rechenzug, Eierkarton, Rechenstufen, Abacus, Zahlenstrahl, Steckwürfel, Schaschlikstäbe, Perlenkette, Ziffern- und Symbolkarten Empfohlene Spiele
- für den Zahlenraum bis 20:
  Zählen und Rechnen, Rechen-Solo, Tacho-Klick, Rummikub, Klappenspiel

Wiederholen Sie immer wieder Aufgaben aus diesem Zahlenraum. Legen Sie sich ein oder mehrere Spiele an, sodass Sie gemeinsam mit der ganzen Familie in regelmäßigen Abständen spielen und damit den Lernstoff wiederholen.

Tipp

- Geeignetes Material für den 100er-Raum: Abaco, Rechenrahmen, Hundertertafel, Zahlenstrahl, Ziffern- und Symbolkarten
- Geeignetes Material für den 1000er-Raum: Zahlenstrahl, Schaschlik-Stäbe, Dienes-Blöcke, Ziffern- und Symbolkarten

Rechnen im 100er- und 1000er-Raum

Wird der Zahlenraum bis 100 erweitert, ist darauf zu achten, dass die Stellenwerte nicht verwechselt werden und klar ist, welchen unterschiedlichen Wert die einzelnen Stellen haben. Voraussetzung dafür sind eine Vorstellung der Menge, das Wissen über die Bündelung von immer zehn und das Schreiben der Ziffern im Stellenwertsystem.

Wie viel ist 200, 345 oder 1000?

Zunächst einmal ist es wichtig, dass Ihr Kind eine Vorstellung von der Menge der Zahlen bekommt. Wie viel ist 200, 345 oder 1000? Wie kann ich Mengen zusammenfassen, die mir relativ schnell eine Orientierung ermöglichen? Um eine Vorstellung der Menge 1000 zu bekommen und das Bündelungsprinzip zu verstehen, empfehle ich Ihnen, sich 1000 Schaschlik-Stäbe und Haushaltsgummis in drei Farben anzuschaffen: grüne für die Zehner, blaue für die Hunderter und einen großen roten für den Tausender. Lassen Sie Ihr Kind immer zehn einzelne Stäbe zu einem Zehner bündeln und ein blaues Gummi darum binden. Sind zehn Zehner vorhanden, werden diese zehn Zehner zu einem Hunderter mit einem blauen Gummi gebunden. Zehn Hunderter binden Sie dann zu einem mit rotem Gummi zusammengehaltenen Tausender.

Regen Sie an, eigene Wege, Materialien und Lösungshilfen auszuprobieren und wählen zu lassen.

Material für ▶
die Darstellung
von Zahlen oder
Mengen –
Bezugsquelle im
Serviceteil.

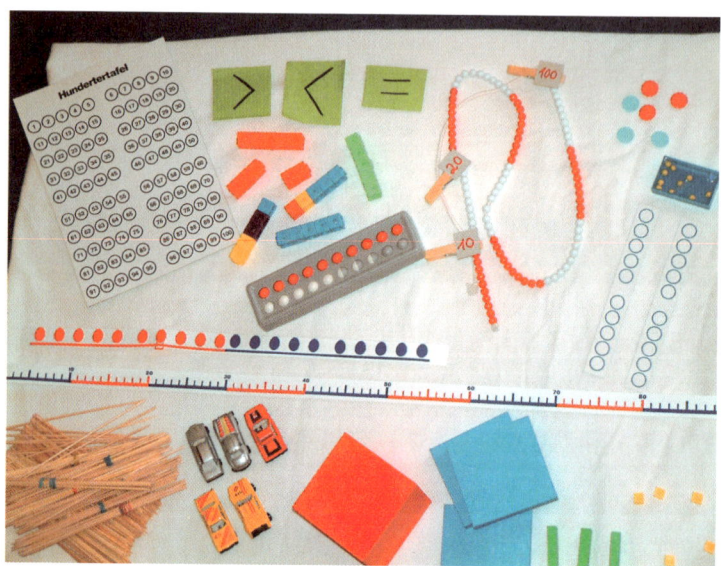

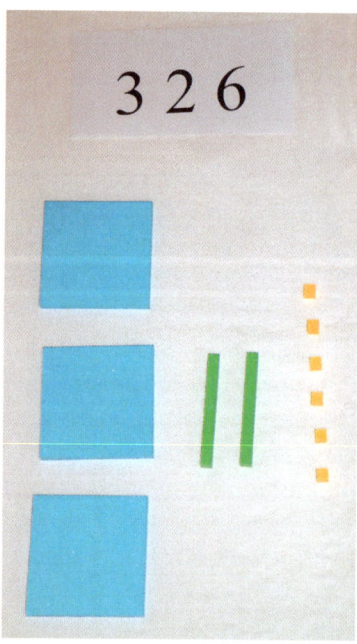

Verteilen Sie die Übung auf mehrere Zeitabschnitte. Befindet sich Ihr Kind im 100er-Raum beim Rechnen oder Sie sehen da noch besondere Schwierigkeiten, dann belassen Sie es beim Bündeln in diesem Zahlenraum.

Ist die Bündelung verstanden, können Sie auch ein anderes Material, wie zum Beispiel die Dienes-Blöcke (auch Mehrsystem-Blöcke genannt) verwenden. Hier gibt es kleine Einer-Würfel, fertig zusammengesteckte Zehner-Stangen, Hunderter-Platten und einen Tausender-Würfel.

Stellenwerte in Ziffernschreibweise

Das Mengenverständnis einer Zahl muss in Form von Ziffern ausgedrückt werden. Lassen Sie Mengen nach vorgegebenen Ziffernkarten legen oder zuordnen. Als Zwischenstufe können Sie für Einer jeweils Punkte, für Zehner entsprechend Striche und für Hunderter Quadrate zeichnen. Sie sollten wieder darauf achten, dass Mengen zeichnerisch abgebildet und gelegt werden können sowie gelegte oder abgebildete Mengen in Ziffern geschrieben werden können. Denken Sie an das begleitende Sprechen.

Tipp

Empfohlene Spiele für den Zahlenraum bis 100 bzw. 1000:

Rauf und Runter, Leiterspiel und Gänsespiel, Lobo 77, Mikado, Mathe-Koffer: Übungsspiele, Rechen-Solo, Pferde-Hindernisrennen, Jäger und Hase, Bingo, Money, Elfer raus, 6 Nimmt, Ligretto, Zahlenjagd
Speziell für Multiplikation und Division sowie für alle vier Grundrechenarten:
Rechen-Solo, Rechenroulette, Trio, Flic Flac, Little Professor

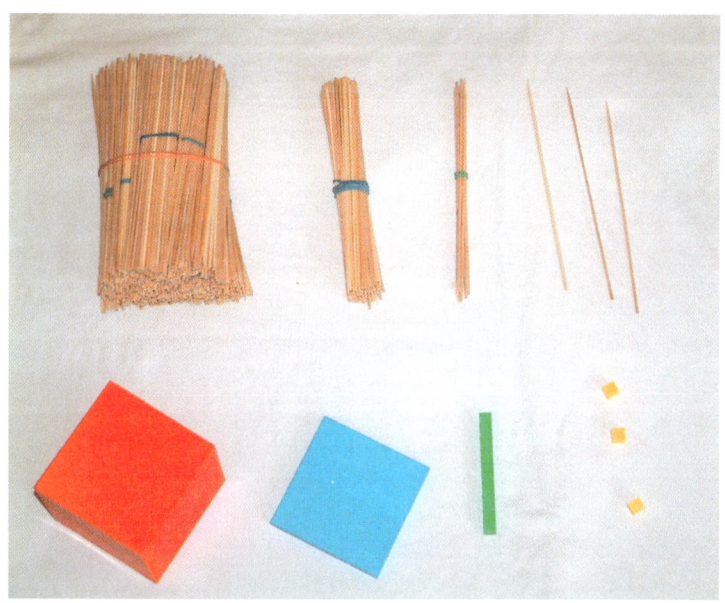

◀ Die Zahl 1.113 bildlich dargestellt.

Der Zahlenstrahl als Hilfsmittel für alle Zahlenräume

Sind Mengenvorstellung, Bündelung und Stellenwertschreibweise verstanden, geht es darum, die Mengenvorstellung in ein lineares System zu übertragen. Sie können hierzu einen Zahlenstrahl einsetzen, den Sie allerdings hochkant verwenden sollten. Die Zahlenfolgen werden dann also nicht von links nach rechts, sondern von unten nach oben aufgezeigt. Dies führt zu dem Aspekt, dass Kinder mit Links-rechts-Unterscheidungsstörungen aus der Höhe auch die Mächtigkeit der Zahl erkennen. „52 ist viel größer als 25" oder „17 ist kleiner als 34".

Additions- und Subtraktionsaufgaben können Sie am Zahlenstrahl durchführen lassen. Achten Sie darauf, dass nicht gezählt wird, sondern sinnvolle Sprünge erfolgen.

Rechnen ▶ mit dem Zahlenstrahl.

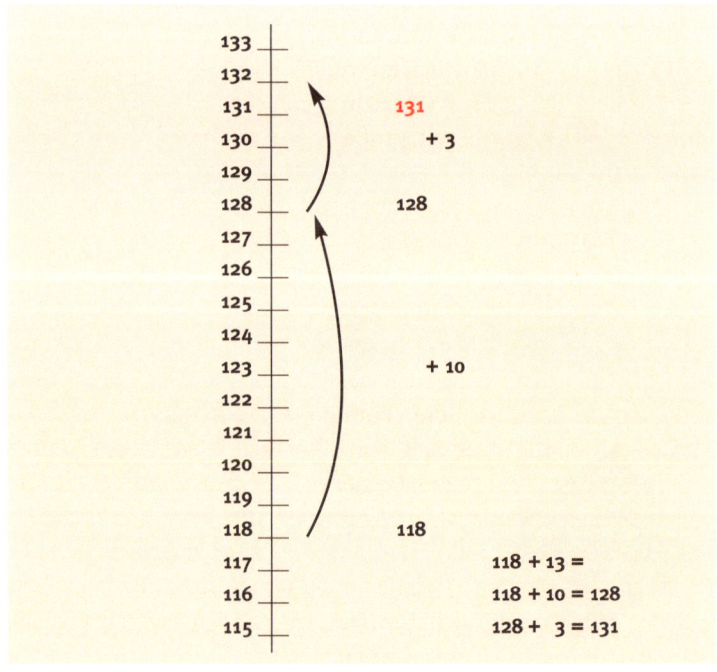

Anstelle eines Schlusswortes – Andrea im Interview

Nun haben Sie viel über Rechenschwierigkeiten und -störungen gelesen und dabei Andrea kennen gelernt. Jetzt soll auch sie einmal zu Wort kommen:

Was, glaubst du, ist Dyskalkulie?

Andrea: „Statt Dyskalkulie kann man auch Matheschwäche sagen, denn das hat was mit Mathe zu tun. Ich glaube, manche haben das ihr Leben lang. Aber es ist nicht schlimm, als Dyskalkulikerin bin ich genau so wie die anderen auch. Ich kann fast genau so rechnen, nur nicht so gut und ich verstehe es nicht auf Anhieb. Ich muss dann ganz langsam rechnen und mir die Aufgaben öfters erklären lassen. Für die Hausaufgaben brauche ich mehr Zeit."

Hat deine Rechenstörung nur mit der Schule zu tun?

„Nein, wenn ich einkaufen gehe, dann nehme ich meistens mehr Geld mit, denn ich habe Angst, dass es nicht reicht und ich dann an der Kasse stehe und plötzlich zu wenig dabei habe.

Ganz schrecklich finde ich die Uhr, denn sie ist so sehr schwer zu lernen: Zahlen und Uhrzeit, großer und kleiner Zeiger, was ist Sekunde, Minute, Stunde?

Oder wenn ich mit Maßen rechnen soll, dann frage ich mich ‚Wenn etwas 20 cm ist, wie viel ist das?‘ "

Hast du für dich Tricks gefunden?

„Das Kopfrechnen fällt mir besonders schwer. Ich kann mir die Zahlen nicht so vorstellen, wie vielleicht die ohne eine Rechenstörung. Ich glaube, die anderen können sich zum Beispiel 10 plus 15 minus 3 so richtig ‚räumlich‘ vorstellen. Ich aber nicht, ich muss das irgendwie in echt sehen. Da nehme ich dann entweder die Finger, weil das leichter ist als im Kopf vorstellen, denn die Finger sehe ich ja. Manchmal male ich mir aber auch die Aufgabe auf, da sehe ich es dann besser. Deshalb sind die Sachaufgaben ja auch so schwer. Da muss man sich immer was vorstellen. Habe ich die Bilder auf dem Papier, ist es viel einfacher."

Was wünschst du dir?

„Von der Schule wünsche ich mir, dass meine Probearbeiten nicht normal gewertet werden oder dass ich Aufgabenstellungen bekomme, die ich auch verstehe. Oder wenn eine Aufgabe zu schwer ist, dass ich fragen kann, ob ich eine andere bekomme oder mir eine Skizze dazu gemalt wird. Sachaufgaben finde ich ganz doof – die würde ich am liebsten ganz weglassen."

Was möchtest du uns allen sagen?

„Das Wichtigste ist eigentlich, dass ihr wisst, dass ich lernen will und vergesst das bitte nicht! Ihr müsst verstehen, Mathe ist sehr schwer für mich – nicht so wie die anderen Fächer. Es ist schrecklich! Das kleinste Missverständnis oder eine Unterbrechung meiner Gedanken bringt mich zum Weinen oder versetzt mich in Panik. Bitte versteht, dass ich es schon oft versucht und immer wieder falsch gemacht habe. Schon alleine das Wort ‚Mathe' oder der Satz ‚das ist doch logisch' lässt in meinem Bauch das Kribbeln anfangen und meine Hände werden feucht. Mitleid nützt mir da nichts, aber eure Aufmerksamkeit und eure Hilfe."

„Ich bin froh ..."

„Als die Dyskalkulie noch nicht erkannt war, kamen immer die Worte ‚üben, üben, üben' von der Lehrerin. Ich stellte mir dieses Üben als Porzellanfigur vor, die ich gegen die Wand werfe und die in tausend Stücke zerschmettert. Das Gleiche wollte ich mit der Lehrerin tun. Dieses Üben hat genervt, weil es mir nichts brachte. Die ganzen Mathehefte und Bücher hätte ich am liebsten in die Hölle geschickt. Die Zahlen haben mich verwirrt, ich konnte mich nicht mehr konzentrieren, mir wurde schwindlig und ich bekam Kopfschmerzen. Jeden Tag flogen mir Zahlen im Kopf herum. Ich versuchte, sie loszuwerden – aber vergebens. Immer dieses karierte Blatt, ekelhaft!!
Und dann meine Mutter: ‚Kind, üb doch, verstehst du es denn nicht? Das gibt es doch nicht. Das muss doch in deinen Kopf reingehen.' Ich bin froh, dass ich getestet worden bin und Dyskalkulie festgestellt wurde, sonst würde ich mich heute noch so beschissen

fühlen. Ich glaubte ja langsam selbst, dass ich zu dumm zum Rechnen bin."

Wie fühlst du dich heute?

„Mittlerweile ist mir bewusst geworden, wie viele Stärken ich habe, und wenn ich die richtig einsetze, dann kann ich unheimlich viel leisten. Mit meiner Rechenstörung komme ich nun zurecht, denn ich kenne meine Problembereiche und ich akzeptiere sie auch. Ich habe gelernt, damit umzugehen, und scheue nicht davor, andere um Hilfe zu bitten, oder frage eben öfters nach, wenn ich etwas nicht verstanden habe. Ich bin viel selbstbewusster geworden, weil ich weiß, dass alle Menschen Stärken und Schwächen haben. Ich kann euch nur sagen, meine Liste mit den Stärken ist viel länger als die mit den Schwächen und das macht mich irgendwie stolz, denn ich weiß, dass ich was kann!"

Danke, Andrea. Mein Dank gilt auch: Christine mit ihrer Tochter Verena, Annette, Angela mit ihrer Tochter Lisa, Beate mit ihrer Tochter Nicole und meinem Mann, der mir den Rücken für meine Arbeit freihält.

◀ Suchen Sie lieber nach den Stärken Ihres Kindes.

Serviceteil

Versandhandel der vorgestellten Materialien

Folkmanis-Puppets-Jochen Heil
European Distribution
Am Haag 11 c
D-97234 Reichenberg
Telefon: 0931/66061-0
Fax: 0931/66061-1
www.folkmanis-and-more.de
info@folkmanis.de

Neben dem Versandhandel von Folkmanis Puppets® (USA) wird ein sehr bewusstes Angebot an wertvollen Spielmaterialien für Eltern, Großeltern sowie Interessenten aus den Bereichen Kiga/Kita, Beratungsstellen, Schulen, Kliniken und Praxen unterbreitet. Im Sortiment finden sich Materialien, die in diesem Buch vorgestellt werden.

Selbsthilfeorganisationen und Elternverbände

Die Selbsthilfeorganisationen in Deutschland, Österreich und der Schweiz werden von Eltern mit der Unterstützung von Fachleuten organisiert. In der ehrenamtlichen Tätigkeit geht es vorwiegend um die Beratung von Eltern und Betroffenen. Weiterer Bestandteil der Arbeit ist der enge Kontakt zu Ministerien, Schulen und anderen Bildungseinrichtungen mit dem Ziel, Erlasse bzw. Verwaltungsvorschriften zu schaffen und deren Umsetzung zu realisieren. Der fachliche Austausch mit Schulpsychologen, Beratungs- und Förderlehrern und die Zusammenarbeit mit Fachleuten und der Wissenschaft ist dabei unerlässlich. Außerdem sehen sie ihre Aufgaben in der Zusammenstellung von Fachinformationen, der Veranstaltung von Fachkongressen sowie der Durchführung von Fortbildungsveranstaltungen. Das Ziel aller ist es, Rahmenbedingungen von Legasthenikern und Dyskalkulikern in der Schule, der

Ausbildung, dem Berufsleben und der Gesellschaft zu verbessern und intensive Öffentlichkeitsarbeit zu betreiben. Die Verbände verfolgen dabei weder ein wirtschaftliches noch religiöses Interesse. Nehmen Sie also Kontakt mit den Verbänden auf oder werden Sie sogar Mitglied und unterstützen Sie die Arbeit!

für Deutschland

Bundesverband Legasthenie und Dyskalkulie e.V. – BVL
Königstr. 32
D-30175 Hannover
Telefon: 05 11/31 87 38
Fax: 05 11/31 87 39
E-Mail: info@bvl-dyskalkulie.de
www.bvl-dyskalkulie.de

für Österreich

Österreichischer Bundesverband Legasthenie
c/o Magda Klein-Strasser
Rosentalgasse 13/11
A-1140 Wien
Telefon: 00 43/1/911 32 770
E-Mail: info@legasthenie.org
www.legasthenieverband.at

für die Schweiz

Verband Dyslexie Schweiz
Alpenblick 17
CH-8311 Brütten
Telefon : 0041/5 23 45 04 61
Telefax: 0041/5 23 45 04 62
E-Mail: info@verband-dyslexie.ch
www.verband-dyslexie.ch

Schulpsychologische Beratungsstellen

In allen Ländern gibt es Beratungsstellen, die Ihnen neben der Schule als Ansprechpartner zur Verfügung stehen. Auf deren Homepages erhalten Sie weitere Infos und auch Kontaktstellen in Ihrer Nähe.

für Deutschland
www.schulpsychologie.de

für Österreich
www.schulpsychologie.at

für die Schweiz
www.schulpsychologie.ch

Homepage von Simone Wejda

www.dyskalkulie.info
E-Mail: simonewejda@aol.com

Redaktionsschluss für die Überprüfung der WWW-Adressen: 31. 9. 2003. Wir können nicht ausschließen, dass unter einer solchen Adresse inzwischen ein anderer Inhalt angeboten wird.

Welche schulischen Maßnahmen wären für die Betroffenen hilfreich und wünschenswert?

Berücksichtung von individuellem

- Lernentwicklungsstand
- Lernverhalten und –tempo

Differenzierte Leistungsfeststellung und –bewertung durch:

- Angepasste Aufgabenstellungen in Anforderung und Menge
- Mehr Arbeitszeit
- Technische und didaktische Hilfsmittel: Taschenrechner, Anschauungsmaterial
- Zeitweilig Verzicht auf Ziffernnoten – besser Verbalbeurteilungen und Lernfortschrittsbeschreibungen
- Rechenstörung darf keinen Grund für ein Verwehren von Erreichen des Klassenziels oder Übertritt sein

Fördermaßnahmen

- Prozessorientierte Diagnostik: ständige Überprüfung der Fortschritte und Zielformulierungen
- Lernbeobachtungen und spezifische Diagnostik
- Individuelle Förderpläne

Kooperation

- Schulische Teams: Mathelehrer, Sonderschullehrer, Förderlehrer, Schulpsychologe
- Zusammenarbeit mit außerschulischen Fachkräften: Kinder- und Jugendpsychiater, Psychologe, Jugendamt, Fachärzte
- Zusammenarbeit mit den Eltern: Aufklärung über Erscheinungsformen, Möglichkeit der Überwindung, Hinweis auf Unterstützungsmöglichkeiten durch Lernmaterialien, Hausaufgabensituation, Übung, Motivation

Lehreraus- und fortbildung

- Studium – Vorbereitungsdienst- Fortbildung